U0754670

全球

天气节目简史

宋英杰 孙凡迪 等 ◎ 著

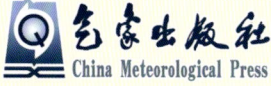
气象出版社
China Meteorological Press

图书在版编目（ＣＩＰ）数据

全球天气节目简史 / 宋英杰等著. -- 北京 ： 气象
出版社，2021.12
ISBN 978-7-5029-7607-1

Ⅰ．①全… Ⅱ．①宋… Ⅲ．①天气预报－电视节目制
作－文化史－世界 Ⅳ．①G229.19

中国版本图书馆CIP数据核字(2021)第240159号

全球天气节目简史
QUANQIU TIANQI JIEMU JIANSHI

宋英杰　孙凡迪　等　著

出版发行：气象出版社

地　　址：北京市海淀区中关村南大街46号　　　　　邮　　编：100081

电　　话：010-68407112（总编室）　　010-68408042（发行部）

网　　址：http://www.qxcbs.com　　　　　E-mail： qxcbs@cma.gov.cn

责任编辑：殷　淼　　　　　　　　　　　　　终　审：吴晓鹏

责任校对：张硕杰　　　　　　　　　　　　　责任技编：赵相宁

封面设计：符　赋

印　　刷：北京地大彩印有限公司

开　　本：889 mm×1194 mm　1/16　　　　　印　张：15

字　　数：398 千字

版　　次：2021 年 12 月第 1 版　　　　　　印　次：2021 年 12 月第 1 次印刷

定　　价：98.00 元

本书如存在文字不清、漏印以及缺页、倒页、脱页等，请与本社发行部联系调换。

目 录 C o n t e n t s

第 1 章
这本书的"自述"

2018 年 12 月 2 日，宋英杰老师给我打电话说，希望我和他一起来写一本书。那一刻，我像是青春年少时偶遇喜欢的男生一样，激动得不知所措，却又忍不住手舞足蹈。

看宋老师主持天气节目，好像是一件比青春的回忆还要长久的事情。人生的不同阶段配上《渔舟唱晚》的旋律，好像都是宋老师精心谱写的歌。在宋老师的悉心指导下，这本书的筹备工作紧张而又有序地推进着，我努力地搜罗着全球各地天气节目的发展脉络、天气主播的成长故事……那些日子，好像恋爱一样，满眼都是天气——你变个天，我就得换张脸，回头就是物候云端，抬眼已是来年小满。

那个从 20 世纪 90 年代初到现在一直备受大家喜爱和关注的"中国气象先生"，颜值和品质永远在线，治学向来严谨，指导毫无身架。在和宋老师共同完成这本书的过程中，我遇到了很多困惑和不解，于是便经常询问老师何时方便我去向他请教。这个经常连续码字八九个小时不停歇，吃饭真的就是插空"来一口"的可爱的"天气匠人"，回复永远都是"随时"。那段时光，有好多让我感动到泪目的时刻。宋老师教导我，做学问和保持一菜一蔬的温度一样，既要打磨心性，也得找准时机，遇到了，就别错过味道最好的时候。很希望翻开这本书的您，闻到的第一缕芬芳，就是心底期待多年的那种味道。

——孙凡迪

▲ 本书作者：中国中央电视台（CCTV）《天气预报》天气主播孙凡迪

这本书，不是"一个人在战斗"，我的内心一直涌动着谢意。

感谢本书的各位作者。

感谢我的助手孙凡迪，我们共同对本书进行了框架的搭建。海量的节目资料汇集于她，她进行分类、遴选和记述。在写作过程中，大量的沟通与协调都是由她来完成的。她的时间都被浸泡在各国天气节目之中，远远超出"996"（一种违反《中华人民共和国劳动法》的延长法定工作时间的工作制度，即早上 9 点上班，晚上 9 点下班，一周工作 6 天，代表"加班文化"）的范畴。

感谢我的助手魏丹，她与我和凡迪一起组成了"冬日小分队"，在微群中随时切磋，搜集资料并梳理现象背后的逻辑。完美主义者的她承担了全书文稿的校对工作，谨慎地剔除了我们不慎留下的各种瑕疵。

感谢我们的"冻龄女神"杨丹。是她，首先带领几位同事按照年份对各国节目进行梳理、播放、记录以及截屏。"上得厅堂"的女神也"下得厨房"，并且在"厨房"里挑头儿干了很多"脏活儿"和"累活儿"。

感谢曾经的天气主播郭林晨和穆微。

林晨也曾是我的助手，各国的节目动态以及各国主播之间的互动，她随时跟进，累积了大量的节目案例分析。她聪颖且勤奋，这是我最欣赏的两项特质。希望她新的事业不要辜负她的聪颖和勤奋。

穆微是我心目中最好的天气直播报道主播，只是因为她所在频道的变故，使她离开了钟爱的电视主播台。谈及此事，她只用"沧海一声笑"来回应。或许，这是老天爷赏给了她足够的天赋，却没有赏给她足够的机缘。

感谢天气主播潘一可、潘宝儿、张泰源，他们做了大量的资料搜集和翻译工作。

一可和宝儿做的都是英语的天气节目。虽然看起来她俩都姓潘，但一可是地道的中国女孩儿，宝儿是地道的美国女孩儿，祝福她们永远"颜值坚挺"。

对于美国早期天气节目的挖掘和整理，宝儿是我的"定海神针"，也是我的英语老师。

泰源，因名与太原同音，被网友们戏称为"省会哥"。泰源在各种天气节目中做了大量的"前沿性"探索，丰富了天气节目的题材和形态。

感谢我的助手——中国天气·二十四节气研究院自然学科研究室主任隋伟辉，她对这本书的天气内容部分进行了全面的审校。在我主持的两项课题中，她的细腻、缜密和任劳任怨，使我一直心存感恩。

从事电视天气预报这个职业至今已经有20多年了，20年前气象局门前的林荫小道，现在已经变成了宽阔的六车道。20年前刚刚出生的婴儿，现在已经亭亭玉立或玉树临风。我们的天气预报节目也在成长和变化：从单纯的发布天气和预警信息，到更细化的服务和更精细的预报，以及更多生动暖心的人文关怀。

很多人都说是看着我们的《天气预报》长大的，那么也让《天气预报》陪着大家慢慢变老吧，还是那段熟悉的音乐，还是那个熟悉的味道……

——杨丹

◀ 本书作者：CCTV《天气预报》天气主播杨丹

天气即"天意"。天意不是我们可以控制的，而命运则是天意与选择的结合。

作为一名天气预报节目主持人，11 年的时光，仿佛是跨过千山万水去见自己的爱人一般，与天气的缘分，是我躲不掉的命运。这样讲，不知道亲爱的读者们会不会觉得浮夸，其实于我而言，站在天气图的前面，用手指指出一个个代表阴晴冷暖的图标，真的是情淡如菊的事情，那么"家常"，那么有"烟火气"。

翻翻这本书，你们也许可以看到天气预报节目的来处，更能望见它的前路，那是一片清宁澄澈之地！

——魏丹

◀ 本书作者：中国中央电视台综合频道（CCTV-1）《朝闻天下》天气主播魏丹

加拿大的资深主播介绍如何"量产"天气预报，印度的美女分享当地天气预报的"宣传口径"，美国同行很喜欢讲述每一个节目创新的过程……

从简单的抠像合成，到炫酷的虚拟演播室；从基本的预报阴晴雨雪，到关注全球气候变化……全球气象传播者——一群世界上最"知冷知热"的人，像一个大家庭，共同致力于将气象传播做得贴心和有趣。

即使离开天气主播的岗位，做过"气象人"仍然是我人生中非常宝贵和令人自豪的经验，感恩。

——郭林晨

◀ 本书作者：前 CCTV《天气预报》天气主播郭林晨

我从事气象播报工作近15年，和宋英杰老师的气象生涯比，大体就是个零头。他是我们这个领域的领路人、明星、专家，对我而言更像兄长、导师。

我很热爱播音主持这个行业，从《凤凰气象站》到后来的《天气直播间》，再到现在中央人民广播电台的音频主播，虽然没能再站在镜头前，但是我始终没有离开我的话筒。很荣幸也庆幸，播音事业伴随我前半生的成长，它是我的工作，也是我的使命，是我生命中不可或缺也最难能可贵的一部分。

——穆微

◀ 本书作者：中央人民广播电台天气主播穆微

在协助宋老师整理这些年各国天气节目素材的过程中，我的一大感慨就是未来天气预报节目会越来越"好看"！

这个"好看"，是多方面的。首先最直接的，视觉上更美更炫，不论是主持人的颜值还是节目包装，以及创新图形和虚拟现实的运用，都会让天气节目更赏心悦目。

再而，随着气象信息获取渠道的多样化发展，天气预报节目的内容也会更丰富，不仅仅是告知阴晴冷暖，更是精细化、个性化的贴心服务，我们不是简单气象信息的"搬运工"，而是"加工者"，只有那些相对不易获取，却对生产生活有极大帮助，并且通俗易懂又有趣的气象信息才能在"市场"上获得簇拥。因此，未来我们不仅要跟上技术的发展，赋予节目形式、形态更多的可能，同时也要着重深挖受众需求，真正做好气象服务。

——潘一可

◀ 本书作者：中国国际电视台（CGTN）天气主播潘一可

您可能会问，我如何使天气预报的传播更有效力，并与观众建立更多连接。我通常会关注天气形势、主题，并提醒大家，哪里是需要重点采取预防措施的，我会重点关注可能严重到导致旅行延误甚至生命危险的高影响天气和重大天气事件，例如雷电、暴雨、高温和台风等。我将我做的工作视为一项巨大的责任和使命：通过与公众及时沟通互动，让他们未雨绸缪。（How do I make the weather report effective, and relevant to the person watching the show, you may ask. With that said, I typically focus on weather patterns, themes, and point out areas where people will want to take precaution. Places where the weather may be severe enough to cause delays in travel, and risks to lives: thunder and lightning, torrential rain, high temperatures, and typhoons. I take it as a huge responsibility, and find it meaningful to be able to communicate with the public, so that they can prepare.）

——潘宝儿

◀ 本书作者：CGTN 天气主播潘宝儿

工作之初，我给自己定了一个座右铭："希望全身心地为您提供气象服务，让节目成为一盏灯、一本书、一杯茶，与您每日相伴。"一晃 10 年过去，我发现实现这句话并不容易，只有充分理解气象工作者的使命和责任，把观众真真正正放进心里，气象服务才能做到"全身心"投入，观众才会希望你的天气预报能与他"每日相伴"。我在继续为这句座右铭，不懈奋斗！

——张泰源

◀ 本书作者：CCTV《天气预报》天气主播张泰源

我最初认识的宋老师，是那个在《天气预报》光环笼罩下的"中国气象先生"，那时我对他的认识其实很肤浅。

工作后，我有了和宋老师近距离共事的机会。这期间，我不仅看到他在演播室中闭目思考后切中要点、深入浅出、一气呵成的节目表现，而且更深切地感受到他对气象专业一丝不苟的态度、对大量气象数据"抽丝剥茧"的敏感度。

在课题工作中，我们之间有了更多的沟通与探讨。宋老师对气象事件、气象数据的精准记忆能力令我啧啧称叹。他丰富的阅历、独到的见解，也都让我想有更多的时间去倾听他的话语。

也许你认为气象是冷的、是远的、是晦涩的，但希望在这本书中，你能从宋老师理性的思维和感性的笔触中，感受到你想要的"温度"、趣味，看到"天机"与"地气"最好的结合。

——隋伟辉

◀ 本书作者：中国天气·二十四节气研究院自然学科研究室主任隋伟辉

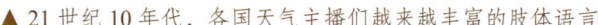

▲ 21世纪10年代，各国天气主播们越来越丰富的肢体语言

其实这本书的缘起，是我和杨丹 2015 年的一次交谈。我们想联合做一项"很细节"的研究，研究一下各个国家天气节目当中主持人肢体语言的特点，规范的称谓，叫作"天气节目中的副语言"。但后来积聚的内容越来越多，我想，还是索性梳理一下全球天气节目的历史脉络吧。有同事开玩笑说："您这是想弄个天气节目的《史记》吗？"

弄不成《史记》，总可以系统地整理史料以及史料背后的故事和逻辑吧？

本书能够搜集到世界上百余个国家和地区天气节目的视频图片，首先得益于一个机制，即全球天气主播每年一次的大聚会。这个聚会是由法国同行发起的，始于 1990 年。分为两个阶段：

第一阶段是 1990—2003 年，被称为 Meteo Festival，相当于天气主播们的节日。大家聚在一起，主要是观摩每个人报送的节目，现场评议，最后评选出最佳主播以及各个单项奖。

第二阶段是 2004 年至今，被称为 Meteo Forum，相当于主题论坛。节目只观摩，不评选，"重头戏"在于研讨。

进入 21 世纪 10 年代后，研讨的主题逐渐超出天气的范畴，主要聚焦气候变化。联合国的两大分支机构——世界气象组织（WMO）和政府间气候变化专门委员会（IPCC）为每年的论坛设定主题并派人员参与。它们希望天气节目和天气主播能够为应对全球气候变化做出专业范畴的努力。

于是，天气主播们 2017 年在布鲁塞尔又成立了"气候无国界"组织（Climate without Borders），旨在加强气候变化传播方面的研究和业务。

进入 21 世纪 10 年代后，除了全球论坛之外，还有了区域论坛，还有了由 WMO 和 IPCC 选派主播参加联合国气候峰会的机制。

通过每年的 Meteo Festival 和 Meteo Forum，我们逐步积累了各国天气节目的视频资料，并与各国的天气主播们建立了比较密切的联系，大家平常可以通过电子邮件互通有无，甚至我在搜集世界主要语种的天气谚语的过程中，也得到了主播们的慷慨相助。

比如对日本天气节目的搜集，要特别感谢日本广播协会（NHK）天气主播井田宽子，她不厌其烦地通过邮件向我介绍各个电视台天气节目的业务特点，如何在网上日常收看日本的节目，以及日本一些特有的天气词汇的确切含义。

▲ 2014 年的 Meteo Forum，我在做完专题报告之后回答现场提问

▲ 2017 年，"气候无国界"组织在欧盟总部的研讨会

而对韩国天气节目的搜集，要特别感谢一位在韩国做博士后研究的"粉丝"，不仅为我做节目内容的韩语翻译，并且为我汇集了韩国学者在天气节目方面研究的很多英文资料。

还有来自同学、朋友的一些相助，无法逐一提及，但我心存感恩。

感谢各省（自治区、直辖市）的同行，为我们提供了本书所需的视频资料。

还要感谢我在台湾"中国文化大学"（台北）大气科学系客座任教时的系主任曾鸿阳教授以及他的博士生、前天气主播陈韵平小姐。他们不仅梳理了中国台湾天气节目发展历程的年表，还逐一联系各电视台，商请调取不同年代节目的视频资料。与我相识的诸位天气主播都热情地分享了相关天气节目的背景故事，包括前辈主播任立渝先生和俞川心先生。

这是天气主播们共同完成的一本书！

这本书所讲述的，实际上是天气节目的过去、现在和将来都是什么样子的，以及它们背后的缘由和逻辑。

在我开始主持天气预报节目的 20 世纪 90 年代初，各国天气节目的内容和形态相似度还是比较高的。大多是新闻栏目中一个相对独立的版块，由天气主播独自讲述，由抠像技术完成画面合成，预报要素主要是降水和气温，预报时效为 72 小时以内。

那时，节目更强调科学属性。这就如同厨师，在烹饪过程中注重的是有营养、易吸收，而非色、香、味之美。那个时候，正因为各国节目的相似度较高，所以主播们聚会时，每每看到一个"不走寻常路"的节目，大家都会格外关注。那时的天气节目似乎存在着一种"定式"，大家仿佛是戴着镣铐跳舞，似乎舞者的最高境界，是"镣铐"虽在，但感觉跳得通身自由。

所以，那个时候，大家研讨的重点，还聚焦在如何"翻译"属于"规定动作"的常规天气信息。一种"翻译"是"笔译"（Translation），是指如何将天气信息转化为直观的图形。一种"翻译"是"口译"（Interpretation），是指如何将天气信息表述为浅白的话语，这是那个时代主播心目中天气节目的功力所在。

但渐渐地，从媒介视角，天气节目建立了全媒体（omnimedia）思维；

从题材视角，天气节目扩充了泛天气（weather adjacent）内容；

从技术视角，虚拟现实（Virtual Reality，简称 VR）、增强现实（Augmented Reality，简称 AR）、交互式混合现实（Interactive Mixed Reality，简称 IMR）等技术的赋能，天气节目开始有了"仿真"的呈现方式。

这一切，使天气节目的发展进入了快车道。

这本书的第 2 章，力图梳理天气节目的历史脉络，从模糊的影像和模糊的线索中找寻天气节目发展历程中的里程标识。

第 3 章，介绍的是具有现代感的天气节目，总结它们的共性是什么，力求从多个维度解构天气节目的演变特征，透视热闹背后的门道。

如果说第 3 章所讲述的，是各国天气节目的"求同"部分，那么第 4 章所讲述的，是"存异"部分。当然，也只能是举例说明。

最后的两个附录，一个是 WMO 对天气主播或者说广义的天气信息传播者的职业素养的要求，一个是介绍各国天气主播的基本状况。或许，这也是有助于了解天气节目演变的背景资料吧。

宋英杰

2021 年 10 月

第2章
20 世纪的天气节目

2.0 综 述

　　关于电视天气节目的业务实验起源于 1936 年，由英国广播公司（BBC）发起，随后因第二次世界大战爆发而被搁置。而在美国，20 世纪 40 年代至 50 年代，电视机构参照其他节目，一直在进行创办天气节目的可行性论证和业务试验。到 50 年代初，美国开始有了常规播出的、主播出镜的天气预报节目。

　　每日播出的电视天气预报节目最早诞生在美国，但谁是世界上首位天气主播，却有不同的说法。

　　为什么呢？

　　第一，大家对主播这个概念有不同的理解。严谨地说，最早的天气主播并不是一个人，而是一只卡通羊，名为"Wooly Lamb"，1941 年 10 月 14 日就在美国 WNBT 电视频道开始播出了。

　　第二，大家对于"最早"这个概念也有不同的理解。目前获得大家普遍认可的最早的天气主播是

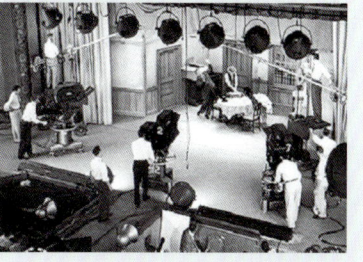

20 世纪 50 年代初美国的天气节目拍摄现场 ▲▶

▲ 美国首位天气主播 Clint Youle（1916—1999 年），
1951 年 9 月 3 日开始了他的天气主播生涯

Clint Youle。他或许不是影像出现在电视屏幕中最早的天气主播，但却是没有昙花一现、形成了鲜明的个人风格、令观众建立了"集体记忆"的第一位天气主播。

他主持的天气节目更像是一种夹叙夹议的聊"天"，会聊到气压计的工作原理，聊到冷气团和暖气团如何相遇之类的话题。

为什么 Clint Youle 会成为一位成功的天气主播？

因为他既学习过气象学课程，又善于抓住观众最感兴趣的话题。例如在节目中播报美国天气时穿插讲述朝鲜半岛的气候，这是当时观众中军人眷属们的关注点，更善于以谈话的方式通俗地讲述。他的播报同时做到了"有料"和有趣。

在赢得众多"骨灰级"粉丝的同时，他也赢得了气象专业机构的认可，因为他善于提炼要点，也善于拿捏预报的不确定性。

《时代》杂志专栏作者 Samantha Grossman 在《美国首位天气主播（First Weatherman in US）》一文中引述美国气象部门一位官员对 Clint Youle 的评语："他以真切和诚恳的努力，使天气预报浅白如话。"

可以说，Clint Youle 是第一位为天气节目定型的天气主播。而现在，天气节目进入了二次定型的历史阶段。

最初，由谁在电视里说天气，是由演员说还是由学者说，经过了争议和权衡的漫长历程。演员说，形式上有趣，但可能内容上"无料"；学者说，内容上"有料"，但形式上无趣。

其实，这种争议和权衡今天依然在延续。

二战之后，电视业迅猛发展，电视台纷纷筹划在电视新闻节目中开设天气预报版块。

但由谁来解说天气呢？大家首先想到的是美国天气局的气象专家以及大学中气象专业的教授。但专家主持的天气版块，很快就被电视台陆续叫停了，因为专家学者把电视节目做得过于呆板和沉闷。于是，电视天气节目在 20 世纪 40 年代末，进入了一个似乎无解的"封冻期"。

进入 20 世纪 50 年代后，经历二战创伤之后的人们，心理上需要欢愉的氛围，这是特定的时代背景。电视机构经过痛苦的反思，决定为天气节目注入轻松的娱乐元素。于是，这时的各家电视台"各村有各村的高招儿"，有的是用卡通形象讲天气，有的让小丑演员讲天气，也有的是设计出一个身份全新的人物"天气先生（Weatherman）"来讲天气。

"天气先生"这个角色的定位，是介于演员和学者之间，内容上比演员更专业，演播上比学者更专业。在电视天气节目由谁来主持这个问题上，这是一个费尽思量、反复打磨的平衡性方案。直到今天，这种平衡性思维对于天气节目依然具有借鉴意义。

之所以最初叫作"天气先生"，是因为在电视里讲述天气的，几乎都是男性。但随后，一些电视机构开始进行变通，邀请靓丽的女性主持天气节目，于是有了"天气小姐（Weathergirl）"的称谓并风靡于电视荧屏。

顺便说一句，现在人们越来越倾向于使用"Weatherperson"这个中性词汇，译为"天气主播"。我们以往曾称之为"天气预报节目主持人"，有些国家和地区（如日本等）称作"气象主播"，在本书当中，以"天气主播"作为通称。

右边这张图片作为天气预报早期节目的样本，曾于 2010 年上海世博会的世界气象馆展出。我的同事啧啧赞叹道："'小姐姐'应该是当时天气主播中的'颜值担当'吧。"

就在这位纽约的"小姐姐"播报天气的 1954 年，大西洋彼岸的英国，电视天气节目也已经问世。

▲ 1954 年 4 月 9 日，纽约的"天气小姐"

下面，我们就以英国 BBC 天气节目的历程，来梳理一下天气节目"过去进行时"的几个重要节点。

1953 年 3 月，BBC 在筹备天气预报节目时，遇到的第一个问题是：由谁来担任天气主播？大家最初的共识是从气象专家中遴选主播。那应该是什么样的气象专家呢？

——年轻但专业度高的气象专家。

于是，George Cowling 成为了首选。

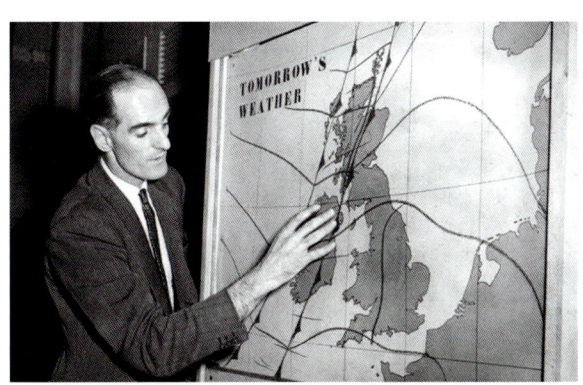

▲ George Cowling 在与同事一起手绘天气图

▲ 1954 年 1 月 11 日，英国的第一位天气主播 George Cowling（1920—2009 年）开始了他在电视中的预报生涯

George Cowling 于 1981 年退休。他被 BBC 选中担任天气主播时只有 34 岁，除了年轻和专业，他最被认可的特点是：语言通俗。

◀ 20 世纪 60 年代，BBC 最负盛名的天气主播是 Bert Foord（1930—2001 年），直到他 1973 年离任。他给人的印象，是一位在节目中不苟言笑的老派绅士

▲ 20 世纪 70 年代最受尊敬的 BBC 天气主播是 Jack Scott。他从 1969 年起担任天气主播，直到 1983 年退休，始终给人一种权威、专业而又温暖、和善的感觉

▲ Jack Scott 最早引入磁铁图标，使天气讲解趣味盎然（中国在 20 世纪 80 年代初创办电视天气预报时，也曾尝试借鉴这种讲解方式）

　　早期的天气节目中使用的，是个性化的甚至具有娱乐感的手绘天气图。

　　直到 20 世纪 90 年代，还有一些国家的天气节目采用粘贴天气图标的方式，但那只是刻意而为的一种"返璞归真"。

▲ 20 世纪 90 年代俄罗斯的节目，使用粘贴天气图标的方式

◀ BBC 著名的天气主播 Bill Giles，1983—2000 年担任天气主播

　　Bill Giles 于 1983 年接替 Jack Scott 出任 BBC 首席天气主播，直至 2000 年退休。

　　他是我见到过的第一位英国天气主播。1996 年，他在业内的一段话令我一直记忆犹新："天气主播是什么样的人？这种人即使是在看电影，即使是看到影片中男女主人公久别重逢而热情拥吻的时刻，也能习惯性地注意到主人公身后的云是什么云。"

Ian McCaskill 的形象颇具喜感，有点像后来的憨豆先生。而且他的口音和服饰都非常个性化，市面上曾经热销以他为原型的人偶。

▲ Ian McCaskill（1938—2016 年），1978—1998 年担任 BBC 天气主播

▲ Ian McCaskill 在讲解天气

Michael Fish 或许是留给人们印象最深刻的 BBC 天气主播。

▲ Michael Fish，出生于 1944 年，1974—2004 年担任 BBC 天气主播，历时整整 30 年

▲ 退休后的 Ian McCaskill 和 Michael Fish，是非常具有娱乐精神的两位长者

2014 年，BBC 前主播 Nick Higham 在 BBC 天气预报节目 60 周年之际这样评述：数十年间，他们（天气主播们）始终是数以百万计的观众心目中每晚收视巅峰时段最著名的人，他们的着装品位与举止风格往往都是人们最热门的谈资。

英国人对天气的兴趣是近乎痴迷的，对天气主播的兴趣甚至超越天气，人们聊他们，写信给他们，并在内心将其视为神交已久的朋友。

最初的天气图，是由英国气象局提供、由出租车送至 BBC 演播室的。天气主播在此基础上，用彩色蜡笔边讲述边画上更多的天气细节。那时的演播室里很热，观众经常能看到天气主播衣服上的汗渍。而现在各国的天气预报演播室，虽然灯光明媚，但四季如春。

1967 年起，彩色电视机的逐渐普及，使电视天气预报节目的视觉表达提升到了一个全新的境界。

▲ 年逾古稀的 Michael Fish 先生以"穿越"的方式，"游"回到从前的节目中

而在中国台湾，1978 年开播的电视天气预报节目采用的还是最初的样式：手绘天气图，实景拍摄，主播手持指示杆讲解天气。

中国台湾的首位天气主播冯鹏年先生（1929—2012 年），于 1978—1990 年担任天气主播。那时的主播洋溢着浓郁的学者气息。深色西装、黑框眼镜，是他在观众眼中的招牌特征。他主持的《中视气象台》栏目，曾创下 40% 的收视率。

2012 年 12 月，冯鹏年先生去世的次日，中国台湾前天气主播陈正改先生通过 Email 告诉我：第一位说汉语的天气主播去世了。

▲ 中国台湾 1980 年的《中视气象台》

▲ 1979 年，纪念 BBC 天气节目开播 25 周年，早期主播大聚会。阳光明媚的天气，大家却以雨伞作为道具，或许这是英国天气主播们一次集体的行为艺术

▲ 三位主播的欢聚：（左起）Bert Foord、Barbara Edwards、Michael Fish

▲ BBC 天气主播 Graham Parker，图为 1970 年的天气节目

▲ BBC 首位女性天气主播 Barbara Edwards，1974—1978 年担任天气主播，图为 1975 年的天气节目

上面两图中节目的背景墙是金属的，主播可以随手将带有磁性的天气图标贴在地图上相应的位置。于是，演播过程中最常见的"事故"便是磁性图标的脱落。

BBC 的天气主播在地图上粘贴磁性图标的播报方式，一直延续到 1985 年，直到电脑制作的天气符号与地图"合体"，不再需要天气主播手绘或者手动粘贴。

1975 年，一名 22 岁的大学生 Mark Allen 设计出一套简洁的天气符号，在 BBC 亮相。这套天气图标一直沿用了 30 年。

现在 BBC 的天气中心（不算网站和手机的天气服务）每天出产大约 120 个电视及广播天气预报节目。当然，天气主播已不再是清一色的气象专家，因为 24 小时直播的频道需要更多的天气主播。

现在很少有人像 George Cowling 那样工作，那时他每天只能做几档节目。而现在，天气主播们每个小时都可能做出不止 3 个节目。因为要"高产"，所以也就很难像 George Cowling 那样为每一个节目倾尽心思。

▲ 20 世纪 90 年代 BBC 的天气节目，天气主播是 Helen Young。这套经典的天气图标，使人们一眼便知这是 BBC 的节目

▲ 21 世纪 10 年代 BBC 的天气节目

▲ 以录制现场旁观者的视角，人们看到的是这样的场景

60 多年过去了，BBC 的天气预报节目变化了许多。但有一件事一直没变，按照英国 BBC 前主播 Nick Higham 的评述，那就是：天气主播要具有在没有文稿的情况下，无迟疑、无歧义，且精准把握 4 分钟节目时长的能力。

1946 年 12 月 17 日，法国国家气象局气象预报专家 Paul ▶ Douchy 第一次在法国电视台 RTF（当时法国唯一的电视台）的新闻节目中播报天气

我们再简要地回溯一下法国电视天气节目的历史轨迹。与英国一样，法国最早出现在电视天气节目中的天气主播，也都是来自气象局的专家。

▲ 1973 年时的 Guy Larivière，他是法国早期天气主播中最负盛名的一位

▲ 与 Guy Larivière 同时代的法国天气主播。那时的天气主播们还是清一色的气象局预报专家

▲ 1985 年（左图）和 1991 年（右图）法国天气主播 Alain Gillot-Pétré（1950—1999 年）的天气节目

　　20 世纪 40 年代，天气预报还只是新闻节目中的一个非常规的版块而已。直到 1958 年，法国电视台才开始有了每日播报的天气节目，有了真正意义上的天气主播。

　　我的一位朋友——法国外交官 Yann，我曾给他布置过三项"作业"，其中第一项作业是请他回忆一下从前看电视天气预报节目的观感。他很崩溃，说："我从小就不看电视节目。"我说起法国一位已故的天气主播 Alain Gillot-Pétré，他说，虽然不看电视，但 Alain 这个名字他还是知道的，因为他太有名了。

　　在 20 世纪 80 至 90 年代，法国最著名的天气主播之一便是 Alain Gillot-Pétré。1995 年，在 Meteo Festival 期间，他作为东道主邀请我们各国主播齐聚法国电视一台（TF1）的演播室，在他的天气节目中一一亮相。

　　Alain 最被人津津乐道的演播风格，便是幽默。在那个年代，"Alain 式幽默"是法国天气节目最鲜明的特色。他的天气主播生涯，从 1981 年开始，到 1998 年谢幕。在他去世的十多年之后，在一篇追忆他的文章中，我曾读到这样的话："1998 年 6 月 1 日，他在他的第 8986 期天气节目直播中突发不适……"数字的背后，是他常青的天气主播生涯和人们对他常青的记忆。

▲ 2013 年法国天气主播 Évelyne Dhéliat 的天气节目

▲ 当代法国天气主播 Chloé Nabédian

进入 21 世纪后，法国最著名的天气主播是 Évelyne Dhéliat，她从 1993 年开始担任天气主播，2020 年，这位年逾古稀的女性依然在为人们娓娓道来地讲述天气。

在我最初参加全球天气主播聚会的 20 世纪 90 年代，有很多白发苍苍的前辈主播。当然，进入 21 世纪后，各国天气主播已经越来越年轻化了。

如今，法国天气主播的主力阵容已经开始"85 后"甚至"90 后"了。并且由男性的"舞台"，变成了女性的"天地"。

天气预报节目的发展历程，如果以天气主播的视角，就是由"实"到"虚"，再由"虚"到"实"，现在又由"实"到"虚"的过程。

早期是"实"：主播的身后有图，是纯粹的实景，既手绘天气图 + 主播讲解。

然后是"虚实结合"：主播身后没有真的天气图，而是采用抠像方式，即摄像机拍摄主播和蓝色（或绿色）背景墙，电脑制作天气图形。录制过程中，摄像机拍到的影像与电脑中的天气图同步叠加，并去掉背景墙的颜色，观众看到的是虚实结合的合成效果。

这种方式自 20 世纪 80 年代开始逐渐成为各国常规天气节目的主流制作方式。但 2010 年之后，抠像类节目的比例显著降低。

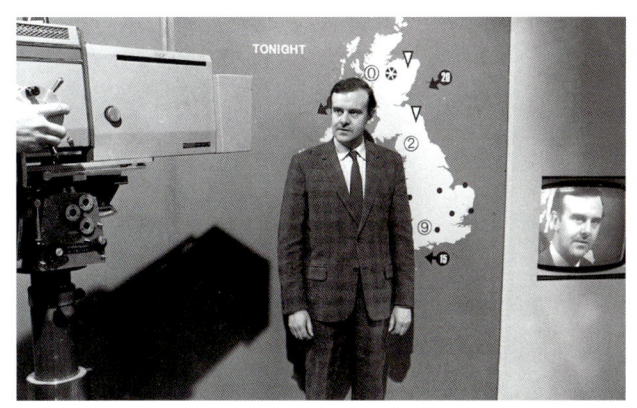

▲ 20 世纪 60 年代英国天气主播 Bert Foord 在录制节目

▲ 法国天气主播 Fanny Agostini

▲ 2013 年法国的天气节目

▲ 立陶宛的天气节目

　　然后又是"实"：一种方式是户外实景拍摄，另一种方式是在演播室内设置储存好天气图的大屏幕，主播在真实的屏幕前讲解。

▲ 2013 年瑞士的天气节目

▲ 2017 年美国的天气节目

　　现在再次变成了"虚实结合"。无论是虚拟演播室，还是虚拟现实、增强现实技术，观众看到的是完整的合成效果。而其中的虚拟部分，现场的主播是看不到的，主播需要根据预先设定的故事情节和进程进行逼真的"表演"。

　　当然，以"虚""实"这两个关键字概括天气节目的历史进程，或许只是简化而粗略的一种描述方式而已。

▲ 2015 年阿根廷的天气节目

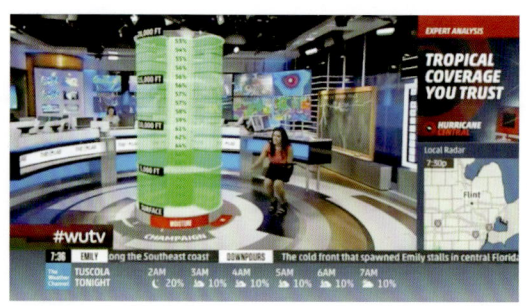

▲ 2017 年美国的天气节目

2.1　曾经的抠像"小作坊"

什么是"抠像"？

就以我为例吧：我做节目的演播室背景，原来是一面蓝布，现在是一面绿墙。我的身后并没有中国地图，但我的两侧各有一台监视器，我在用手势指点的过程中可以用余光瞟见监视器中的自己。我的面前是摄像机，它在"盯"着我的一举一动。

▲ 摄像机拍摄到的视频信号。画面中，只有我和我身后的绿墙

▲ 这是电脑中已经生成并储存好的加注了预报信息的地图。节目录制过程中，是将摄像机拍摄到的视频信号与电脑中储存的地图同步叠加到一起

▲ 但在同步叠加的过程中，要"抠"掉摄像机视频信号中的背景颜色——绿色。于是，我仿佛站在地图前讲解，这就是观众看到的合成效果

经常有人问，身后没有真实的地图，我怎么会指得那么准？

关于这个问题，其实古人已经回答过了："无他，唯手熟耳。"因为熟练，我手上的神经已经高度"职业化"了，想指错，反倒要刻意为之。在节目中，偶尔我在讲述的过程中也会"嘚瑟"一下"盲指"。

▲ 20 世纪 90 年代西班牙的天气节目

▲ 20 世纪 90 年代英国的天气节目

▲ 20 世纪 90 年代巴西的天气节目

▲ 20 世纪 90 年代俄罗斯的气象节目

在以上四图中，节目使用的是"非抠像"方式，无论主播是在真实的地图前还是在大屏幕中的地图前，画面中都会出现主播的影子。但在右图中，节目运用的是抠像方式，这时便看不到主播的影子。

▲ 2010 年日本的天气节目

▲ 2015 年法国的天气节目

▲ 20 世纪 90 年代美国的天气节目，主播为了确切指示飓风眼的位置，于是直视监视器

运用抠像方式时，主播在讲解过程中有时目光会直接盯着旁边或者前方的监视器。

有时，因为主播手势和目光不一致，往往会被细心的观众看出破绽。

电影画面右侧展示的是真实的情景——尼古拉斯·凯奇站在绿墙前；左侧则是抠像合成后的效果。

▲ 2005 年的美国电影《天气预报员》中对抠像的演示，很专业

由于抠像是"抠"掉摄像机拍到的某一种颜色的影像,所以天气主播不能穿与背景(通常是主播身后的绿墙)同一种颜色的衣服,否则,"后果"很严重。

▲ 2012 年,美国福克斯电视台 2 台(FOX-2)天气主播 Jessica Starr 展示抠像:主播只要穿上与背景墙颜色相同的衣着,就几乎"隐身"了,令人唏嘘的是,这位美丽的天气主播于 2018 年 12 月因产后抑郁,以自缢的方式永远"隐身"了

▲ 有的天气主播还利用抠像技术进行搞笑表演

20 世纪 90 年代,多数国家电视天气节目是运用抠像合成技术。背景是平面的地图,前景是半身取景的天气主播。

现在的抠像技术升级了,天气主播只要不穿与背景(蓝布或绿墙)完全相同的颜色即可。而 20 世纪 90 年代时的抠像要求更苛刻,天气主播穿的衣服与背景颜色必须完全不同。即使这样,还常常出现"抠不干净"的情况,天气主播身体轮廓的边缘,好像有什么东西在闪烁。

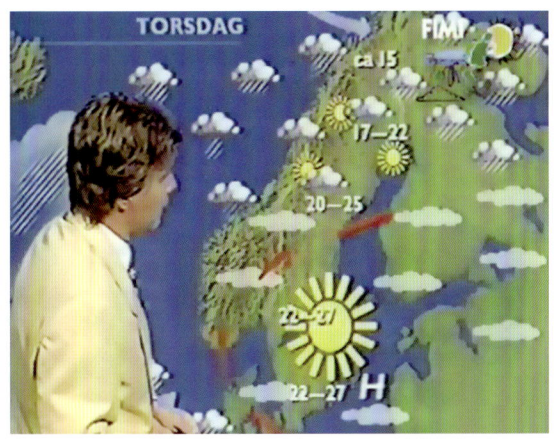

▲ 20 世纪 90 年代瑞典的天气节目

▲ 20 世纪 90 年代挪威的天气节目

这一时期的天气节目中，主播通常都是"标配"的正装（包括民族服饰的正装）。

当然，着装休闲或佩戴饰物的主播也不少见。

▲ 20 世纪 90 年代葡萄牙的天气节目

▲ 20 世纪 90 年代沙特阿拉伯的天气节目

▲ 20 世纪 90 年代拉脱维亚的天气节目

▲ 20 世纪 90 年代智利的天气节目

▲ 20 世纪 90 年代捷克的天气节目

从景别上看，虽然摄像机取景略有不同，但通常是半身的中景。天气主播的讲解，通常是一个机位，一镜到底。

▲ 20 世纪 90 年代荷兰的天气节目

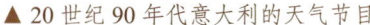

▲ 20 世纪 90 年代意大利的天气节目

在一个节目中，全景、中景、近景的多机位切换，在当时就显得太奢侈了。

而从天气节目的常规内容来看，即使是一些发展中国家，也不仅仅是告知预报结果，讲述天气形势和原理也是"规定动作"。

▲ 20 世纪 90 年代加蓬的天气节目，讲述风场和锋面

▲ 20 世纪 90 年代毛里求斯的天气节目，讲述气压场

▲ 20 世纪 90 年代伊朗的天气节目，讲述低压槽的移动

而从地图的呈现方式上看，通常是竖立的平面地图。

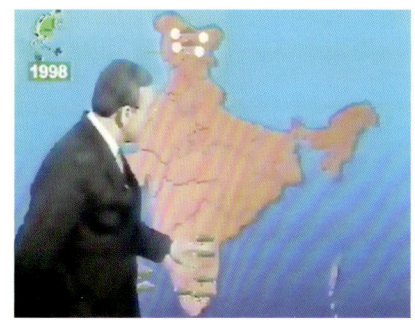

▲ 20 世纪 90 年代印度的天气节目

▲ 20 世纪 90 年代古巴的天气节目

▲ 20 世纪 90 年代爱沙尼亚的天气节目

▲ 20 世纪 90 年代也门的天气节目

▲ 20 世纪 90 年代德国的天气节目

因为地图是天气节目中的"常务"背景，所以节目的创新往往集中地体现在地图上，人们对地图的呈现方式进行了各种尝试。

▲ 20 世纪 90 年代摩洛哥的天气节目

▲ 20 世纪 90 年代波兰的天气节目

▲ 20 世纪 90 年代沙特阿拉伯的天气节目

有些国家天气节目中的背景图让人有一种端详地球的感觉，还有一些国家天气节目中的地图甚至是"躺着"的。

例如20世纪90年代美国的天气节目，地图是斜"躺着"的，而且景别更为丰富，主播甚至可以"踩"在地图上。

▲ 21世纪10年代美国的天气节目

▲ 20世纪90年代美国的天气节目

▲ 21世纪10年代美国的天气节目

▲ 20世纪90年代美国的天气节目

不过，给我留下印象最深刻的，还是20世纪90年代捷克的天气节目。

▲ 在捷克的天气节目中，三维地图是"平躺"着的，天气主播通过前后移动来改变景别，并且还逐渐有了"躺"在地图上的三维天气符号

在那个年代，捷克"踩地图"的天气节目是非常独特的。当时，很多国家的同行在欣赏之余，也会感叹：我们连遮挡地图都会被投诉，"踩踏地图"恐怕就更不可以了吧？

当然，20 世纪 90 年代的天气节目还有一些其他方式的探索，例如走出演播室做节目。

不过在那时，户外天气播报只是一种试验性的创意。2010年以后，户外播报在很多国家的天气节目中才逐渐实现常态化。

▲ 20 世纪 90 年代丹麦的天气节目，在户外讲述，借助摆放在户外场景中的预报图

▲ 20 世纪 90 年代德国的天气节目，外面大雪及膝，天气主播实地测量积雪深度之后，走进演播室，搓着手，喊着冷，然后讲解天气形势

即使没有外景拍摄，大家也不甘于总是在抠像的"小作坊"中拍摄，而是尝试对着电脑屏幕讲述或演示。或许这样，能使气象专家感到更自如。

▲ 20 世纪 90 年代奥地利的天气节目

▲ 20 世纪 90 年代西班牙的天气节目　　▲ 21 世纪 00 年代英国的天气节目

▲ 20世纪90年代芬兰的天气节目

▲ 20世纪90年代以色列的天气节目

▲ 20世纪90年代阿尔及利亚的天气节目

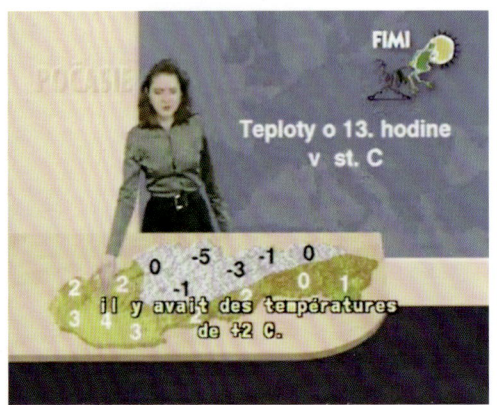

▲ 20世纪90年代斯洛伐克的天气节目

　　即使依然在抠像的演播室内，人们也试图做出不一样的感觉。尽管现在看来，这些基于抠像合成技术的各种"自选动作"未必使天气信息变得更醒目或者更炫目，但这些带有年代烙印的场景设计，体现着"小作坊"里的天气节目所具有的美学追求和匠人基因。

▲ 20世纪90年代加拿大的天气节目，在演播室里营造出虚拟的实景

▲ 20 世纪 90 年代加拿大的天气节目，主播台后有了可以呈现天气的多个屏幕

▲ 20 世纪 90 年代末期，大屏幕的应用使抠像合成技术在天气节目中不再是唯一的常规方式

▲ 2013 年菲律宾的天气节目

▲ 2013 年土耳其的天气节目

▲ 2014 年冰岛的天气节目

▲ 2014 年阿根廷以主播名字命名的天气节目 "Nadia 6:30"

▲ 2019 年巴基斯坦的天气节目，运用了"实景的大屏幕+合成的信息条"

2010 年以后，天气主播在大屏幕前直接讲解的方式趋于流行。它的优点是，主播不再需要借助监视器，可以依照背后真实的画面进行讲述。

此外，无论是更自然的外景拍摄，还是更炫酷的虚拟技术，都使传统的抠像合成的天气节目变得很"老土"，但抠像合成的制作方式以其高效、经济，直到今天依然是天气节目的主流制作方式。当然，在节目制作的整个流程中，它往往与其他制作方式"混搭"，而不再"单兵作战"了。

我们再把时间线拉得更长一些，从 20 世纪 80 年代到 2020 年。选取中国台湾天气主播任立渝先生的 4 幅影像。

▲ 20 世纪 80 年代，担任中国台湾气象部门预报中心主任接受记者采访时的任立渝

▲ 1993 年，刚刚加盟中国台湾"中国电视事业股份有限公司"（CTV，台北）担任天气主播的任立渝

▲ 2007 年，担任中国台湾"中华电视股份有限公司"（CTS，台北）天气主播的任立渝

▲ 2017 年，担任中国台湾无线卫星电视台（TVBS，台北）天气主播的任立渝

以上这 4 张图，是任先生职业生涯的缩影，也大体上折射出常规天气节目制作方式的演进历程。

2.2　你"长得"好模糊！

1993 年 3 月，我刚刚开始担任 CCTV 天气主播。左图是我最早期的一张节目截图。现在有人拿着这张图，开玩笑地说："我记得在电视上，你'长得'好模糊啊！"

那时候，不仅画面整体模糊，而且最初的抠像使人体轮廓好像有丝丝缕缕的"毛边儿"，好像人是被生硬地贴上去的。人的面部轮廓也往往显得比较平，缺少起伏和棱角，人的脸好像是"二维码"。

除了画面模糊之外，人的举止也拘谨，"很愣很傻"的样子。后来还有人在闲聊时夸我，说："几年前《天气预报》有个'特傻'的男主持人，你可比他强多了！"

我很不好意思地告诉他，其实几年前的那个人就是我！

这一方面说明当初我真的"很傻"，另一方面也说明我的确在进步。

不过，比我进步更大的，是画面清晰度的进步。

画面由模糊到清晰，"第一功臣"是视频信号由模拟到数字，视频分辨率由标清到高清。

"第二功臣"是抠像合成，原来由切换台承担，后来改由色键器承担。打个比方，假如抠像合成是百米大战，原来是由切换台这位"十项全能"运动员上场，后来由色键器这位最顶尖的"百米飞人"出战，战绩自然提升。

"第三功臣"是摄像机的升级，图像的还原能力随之升级。

第四功臣是灯光，LED 灯更明媚、更柔和，也更具有色温的稳定性。

您看，为了让我们"长得"不再"模糊"，需要付出多少"不足为外人道也"的努力啊！

20 世纪 90 年代，有不少国家的天气节目还难以运用抠像合成技术，而只能采用实景拍摄的方式，天气图也往往是手绘的。

  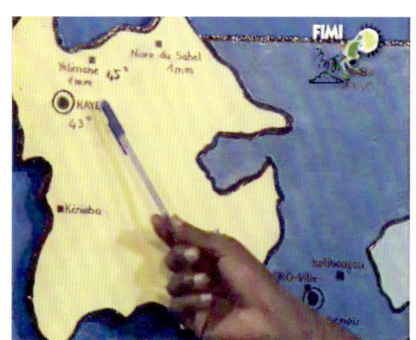

▲ 20 世纪 90 年代苏丹的天气节目　▲ 20 世纪 90 年代马里的天气节目

20 世纪 90 年代，在非洲只有少数国家的天气节目采用的是比较完善的抠像合成技术。

   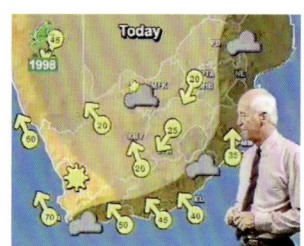

▲ 20 世纪 90 年代肯尼亚的　▲ 20 世纪 90 年代突尼斯的　▲ 20 世纪 90 年代南非的天气节目
天气节目　　　　　　　　　天气节目

直到 2000 年前后，非洲多数国家的天气节目还是"人图分离"的模式。新闻栏目中的天气版块，先是由人讲述天气形势，然后通过天气图来显示预报结果。

▲ 2000 年布基纳法索的天气节目　　　　　　▲ 2000 年科特迪瓦的天气节目

21 世纪 10 年代，虽然尚有少数国家的天气节目依然采取的是"画面呈现预报数据 + 幕后配音"的方式，但抠像合成技术已广泛应用于非洲国家天气节目之中。

▲ 2013 年刚果民主共和国（刚果（金））的天气节目

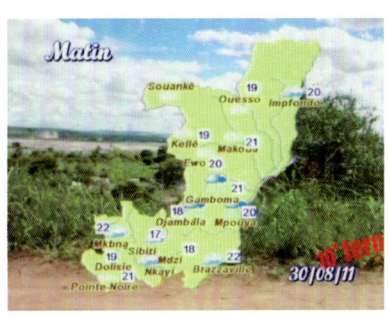

▲ 2011 年刚果共和国（刚果（布））的天气节目

▲ 2012 年尼日尔的天气节目

▲ 2013 年坦桑尼亚的天气节目

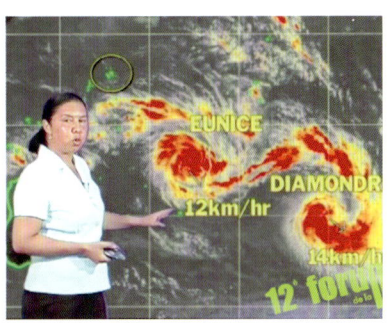

▲ 2015 年塞舌尔的天气节目

▲ 2015 年赞比亚的天气节目

　　尽管抠像合成效果还存在完善的空间，但总体而言，这一时期非洲国家的天气节目给人一种焕然一新的感觉。

　　我们就以加纳、塞内加尔 2000 年的节目与 2013 年的节目进行对比，可以看到，节目不仅制作方式升级了，画面清晰度和画面"颜值"升级了，而且预报能力也升级了。

▲ 2000 年加纳的天气节目

▲ 2013 年加纳的天气节目

▲ 2000 年塞内加尔的天气节目

▲ 2013 年塞内加尔的天气节目

我们再看几个非洲国家 21 世纪 10 年代的节目个例。

▲ 2012 年尼日利亚的节目，将两个时段的天气置于一个画面之中，便于对比天气的变化

▲ 2013 年卢旺达的节目，节目中，实现了天气图的"游走"效果，以及三维的天气图标

▲ 2013 年斯威士兰的节目，提供了天气要素的概率预报

▲ 2015 年阿尔及利亚的节目，以反差鲜明的两种颜色代表昼、夜时段，易于形成关联记忆

　　我们希望天气节目能够让观众看时清清楚楚，听时明明白白，用时真真切切。但我们在解决节目"清晰度"的同时，不能忽视天气节目的"能见度"问题，因为在很多国家和地区，人们还看不到天气节目，还难以依托天气信息规避风险。

　　在我的心目中，曾有一个区分天气信息"发达国家"和天气信息"发展中国家"的"感性"标准：天气信息的发达国家，就是媒体上有固定时间的天气节目或固定的天气信息版面，有事说事，没有事也要说没事。所以，甭管有事没事，天气预报照播不误。天气信息的发展中国家，就是媒体上没有常设的天气节目或天气版面。直到有事的时候，天气信息才会出现在新闻节目中或者报纸版面上。

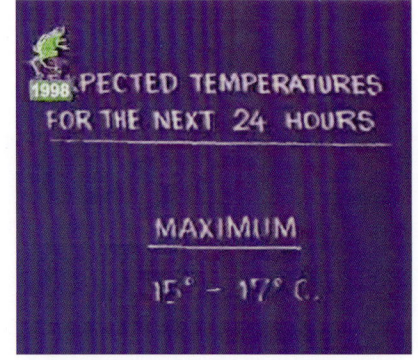

▲ 20 世纪 90 年代尼泊尔的新闻节目中，新闻主播宣读天气信息

在很多国家，天气节目并不是新闻栏目中的固定版块，只是在恶劣天气可能即将发生时才会进行相应的播报。而且并没有专职的天气主播，天气预报由新闻主播代劳。

正是因为媒体上没有常规的天气预报，所以公众难以养成了解天气信息的日常习惯。

我记忆中最惨痛的案例是，2008 年 5 月 2 日印度洋特强气旋风暴"纳尔吉斯"洗劫缅甸沿海地区，造成超过 90,000 人死亡，56,000 人失踪，是缅甸历史上最严重的自然灾害。

事后，由世界气象组织官方出面证实，缅甸水文气象部门于 4 月 27 日在国内电视新闻头条、报纸头版均发布了风暴预警。尽管提前 5 天发布了预警，但大量民众却并未预先得知此消息，所以水文气象部门承受了巨大的责难，致使世界气象组织出面做"证人"，证明其未漏发预警。可见，在高规格地提前发布准确预警的情况下，很多人也并没有及时看到这些本可以让人逃过劫难的信息。而且，在"交通基本靠走，通讯基本靠吼"的偏远地区，预警更是没有通畅的传播渠道。因此，天气信息的常态推送和有效传播，依然"路漫漫其修远兮"。

11 年之后的 2019 年，同样是 5 月 2 日，气旋风暴"法尼"即将登陆印度并波及孟加拉国之时，相关国家媒体进行了大规模的重播报道（见下图）。

2.3 可不可以"演"天气？

可不可以"演"天气？

这是天气节目进入第二个历史阶段所衍生的一个热门命题。因为天气节目在酝酿和创立阶段，由谁来播报天气——气象专家是首选。但观众、传媒机构认为，气象专家的讲述缺乏"观众缘"。

在与德国天气主播 Maxi Biewer 的沟通中，她说起，20 世纪 80 至 90 年代，德国电视天气主播的首选逐渐变成了演员或记者。最重要的原因，就是因为那时的气象专家性情比较羞怯，举止比较木讷，与人们理想中从容侃谈的专家形象差距甚大。

▲ 2017 年，讲解飓风时的美国天气主播 John Morales

▲ 世界上第一位在天气节目中发布飓风预警的人——美国天气主播 Harry Volkman（1926—2015 年）

Volkman 同时也是一位优秀的小提琴家，所以他经常将自己喜爱的音乐片段"注入"天气节目中。这是他依托自己的艺术专长为天气节目的风格化所做出的独特贡献。人们特别希望气象专家是他这样的。

他的另一项贡献是退休后写了一本书，以自己的天气主播生涯，梳理了美国早期天气节目的发展脉络。

针对不同学科背景的天气主播，大家经常谈论的一个问题就是：如果气象专家懂传播，如果记者和演员懂气象，就再好不过了！

所以，一方面，人们开始前瞻性地着眼于基础教育阶段。从 1995 年起，天气主播圈开始有了将气象信息传播梳理为气象传播学（Broadcast Meteorology）的动议。1997 年，气象传播学开始在欧美一些大学的天气相关专业中成为选修课程。而在中国台湾，从 1998 年开始，台湾大学、台湾"中国文化大学"（台北）的大气科学系有了气象传播学概论、气象新闻编辑、气象信息传播实务等课程。

在大学的天气相关专业中开设信息传播的课程，使未来的气象专家的传播素养显著提升，他们开始成为电视"星探"瞄准的目标。

另一方面，针对非气象专业的主播，有关部门设置了标准化的气象专业课程及气象专业资质，以提升他们的专业素养，甚至鼓励他们完成气象专业的学历教育。

例如日本的冈田美晴，她不是出自气象专业，但通过自学考取了"气象预报士"，并逐渐成为"天气与疼痛"这个领域的专家。

美国的 Jay Trobec 也不是出自气象专业，但电视台为他提供气象专业学习的全部费用，他最终获得了气象学博士学位。

对于演员或记者出身的天气主播，在其气象专业素养提升的前提下，发挥他们的表演或讲述专长，成为一个新的"选项"。

20 世纪 90 年代，我在参加 Meteo Festival 时，结识了两位有趣的"资深" ▶
天气主播。英国天气主播（中）邀请我和加拿大天气主播（左）做讲述天气
的直播连线这位英国天气主播最醒目的标识，就是穿着带有英国版图图案的
毛衣，做着各种"非传统"的天气节目

我们就先看一下这两位主播的节目。

▲ 20 世纪 90 年代加拿大的天气节目

20 世纪 90 年代初，我第一次看到上述那位加拿大天气主播"老爷爷"的节目时，他正戴着一只眼罩，扮成一副"资深"海盗的模样在讲天气。当时我内心惊叹道：天气预报居然还可以这样做！

▲ 20 世纪 90 年代英国的节目，用泡沫板制作的英国地图漂浮在湖面上，上述那位英国天气主播在地图上奔波，讲述各处的天气状况。只是，在直播的过程中，一位男子裸奔入画，扰乱了这个本可以"娓娓道来"的节目

我们再看两个外景与内景切换的节目，这是当时主播们特别喜欢的一种探索。

▲ 20世纪90年代瑞士的节目，天气主播穿着大衣在风雪中播报，然后快步走进演播室，一边打着喷嚏，一边麻利地脱去大衣继续讲述预报，在提供预报的同时，也呈现了室外天气的即时感受

如果说上面这个节目凸显的是个人表演的话，那么有些节目中的"表演"更注重的则是团队的整体协同。

▲ 20世纪90年代西班牙的节目，两位主播，一个在户外，一个在室内，通过两个人的话题互动，通过虚拟场景的变换，体现了天气节目的剧情化

有的人将科普知识加在预报信息之中，使节目有一种夹叙夹议的感觉。而科普部分，正是最能体现主播想象力和表演欲的段落。

▲ 20世纪90年代美国的天气节目，天气主播说"从云图上看，有一些像爆米花一样的云"时，演播室里真的响起噼里啪啦的声音，以及急促的雨声。这一段场景和音效的穿插，能促使大家对可能导致强对流天气的云，形成清晰的记忆

Je vais boire la précipitation que nous n'avons pas reçue, et alors peut-être

le de chapeau..., nope..." Pardon, achetez des autres! ". Ici nous allons!

▲ 20 世纪 90 年代美国的天气节目，天气主播说："近期降水量比常年同期偏少 7 英寸 [1]，大地需要喝多少水呢？就像我们需要喝下这瓶苏打水一样。"于是，他当场将苏打水喝下，最后还看一眼瓶盖，确认有没有中奖——没有。大地也同样没有中奖，未来干旱将持续

　　20 世纪 90 年代，很多国家的天气节目中最日常的道具就是主播手中的指示杆。有人将指示杆变成了节目中表演的题材和道具。

▲ 澳大利亚天气主播 Edwin Maher 尝试用不同的"指示杆"指点天气

　　Edwin Maher 从天气节目中退役后，来到中国，曾担任中国中央电视台英语新闻频道（CCTV-NEWS）新闻主播将近 10 年。后来我在看他播报新闻的时候，总是忍俊不禁，因为总会将他与百变的"指示杆"联系在一起。

① 1 英寸 ≈2.54 厘米，下同。

在常规的、以预报为主旨的天气节目中，人们往往依循"定式"，而且受节目时长所限，"表演"往往是很局促的，但还是有人能将"表演"贯穿始终，"踩地图"就是其中一种。

▲ 20世纪90年代捷克的天气节目

▲ 20世纪90年代罗马尼亚的天气节目

1996年，中国台湾体育主播傅达仁先生转任天气主播，他将活泼、动感的体育解说风格导入了天气节目。

▲ 傅达仁①先生以红西装代表晴天，灰西装代表阴天，雨天则手持雨伞

---

① 这位"挂职"天气主播的主持生涯只有短短1年的时间，却给天气节目带来了很多妙趣。
2018年6月7日，85岁的傅先生在瑞士以"安乐死"的方式离别人世。有媒体报道，他在最后的电话中聊到死亡，就像聊春游时的天气一样平常。

▲ 20 世纪 90 年代以色列的节目

在 20 世纪 90 年代以色列的天气节目中，以 Danny Roup 为代表的天气主播尝试以各种方式"演"天气。既有户外的播报，也有户外与室内的衔接，又有卡通图标、三维云图，还有虚拟形象与主播的互动。

2017 年，我和 Danny Roup 聊起他 20 世纪 90 年代在天气节目中生动的演绎，他在惊讶之余感慨道："在这个世界上，还能记得那些节目的人，或许只有你了！"

21 世纪 10 年代，在欧美一些国家的天气节目中，还有人尝试着用更加非传统的方式演绎天气。

▲ 21 世纪 10 年代美国的天气节目，天气主播用 RAP 讲述天气

▲ 21 世纪 10 年代美国的天气节目，天气主播以劲舞宣泄情绪

▲ 21 世纪 10 年代美国的天气节目，阴雨连绵时节，以音乐剧的方式，演播室里，天气主播们一起歌唱呼唤阳光："A drop of golden sun（一缕金色阳光）……"

2014 年美国的天气节目，当路面上的冰雪使交通瘫痪之时，天气主播将《冰雪奇缘》的主题曲"Let it go（让它走）"改成了"Frozen let it go（让冰雪走）"，并现场倾情演唱，甚至站上了主播台

　　当然，这些只是偶尔为之的特例。所谓"演"天气的各种尝试，通常还是在恪守天气节目社会功能的框架之内，发挥主播的专长，降低观众的"收视惰性"。

▲ 孩子们现场体验天气播报

　　实际上，很多电视台都会设定某种方式或者举办某种赛事，邀请孩子们现场体验播报天气的感觉。对于孩子们而言，最开心的并不是一板一眼地模仿天气主播们进行播报，而是尽情地"演"，这是人与天气之间的快乐互动。

2.4　从一位天气主播的离职说起

美国天气频道为她制作了 5 分钟的告别节目《天气频道为 Maria LaRosa 辞行的节目特辑》，15 分钟的专辑节目《最好的 Maria LaRosa》也在网络热播。这种"主播专辑"，会剪辑某个主播在节目中的各种精彩瞬间，通过气象频道和网络播放，在体现天气主播魅力的同时，也向公众全景呈现了天气频道节目的功能、形态、氛围，提升了品牌价值。这实际上是以主播为主线的频道功能的故事化导览。

▲ 2018 年 9 月 23 日，天气主播 Maria LaRosa 在主播的岗位上完成了自己的最后一期节目

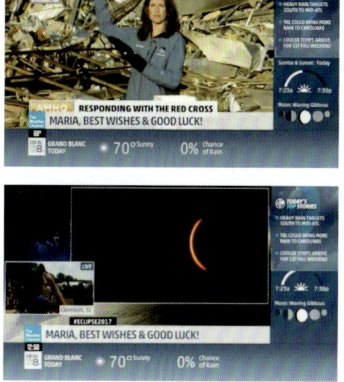

▲《天气频道为 Maria LaRosa 辞行的节目特辑》

▲《最好的 Maria LaRosa》

　　Maria LaRosa 于 2011 年至 2018 年担任美国天气频道的主播，她的节目片段基本上可以体现 21 世纪 10 年代这一时期的美国天气频道的概貌。从她的"主播专辑"中，我们可以看到以下几个特点。

　　一是美国天气频道一向注重天气特别是灾害性天气的现场报道，并针对灾害性天气设置节目专题，进行深度挖掘和整合传播，使现场报道与演播室分析相贯通。

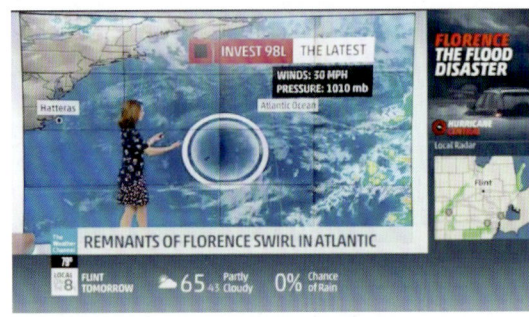

▲ 聚焦洪水风险

▲ 飓风季，关于飓风的联合讲述

▲ 关注盛夏时节的高温热浪

二是注重天气预报中的对话机制。

▲ 在进行天气分析和讲解时的对话中，努力营造一个自然、家常的谈话场面

▲ 通过基于天气的访谈，深度挖掘与天气相关的话题

▲ 通过话题的起承转合，帮助观众形成透彻的理解和深刻的记忆

三是挖掘天气影响的广义外延，体现天气的"无所不在"。

▲ 关注公众假期的旅游出行

▲ 关注天气与体育赛事

▲ 讲述天气与洗车的话题

▲ 围绕行舟的安全问题进行访谈

▲ 关注天气对于水体的影响

▲ 关注不同天气条件下的摄影技巧

四是在常规的 24 小时预报的基础上，更突出时段细化和时效延长。

▲ 强调预报的精准性，时空精确到点、精确到小时

五是天气图形更直观、更醒目，减少理解层面的障碍和应用层面的歧义。

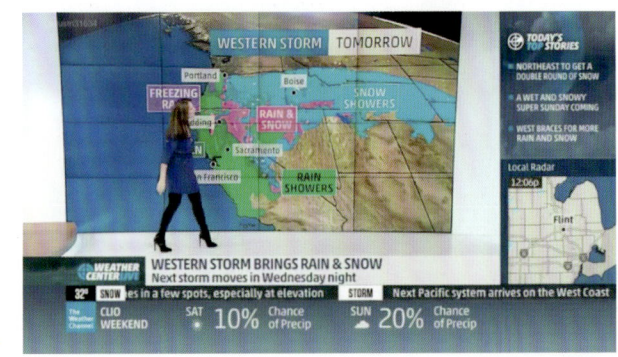

以对比清晰的颜色标注降水的不同相态 ▶

六是注重科普演示，使观众
有一种身临其境的感觉。

◀ VR 技术使天气原理演示极具观赏
　性，演播室仿佛变成了实验室

七是相对宽松的演播氛围，以及主播的风格化。

▲ Maria LaRosa 与她的搭档——天气主播 Paul Goodloe 一起在演播室里翩翩起舞

我们再以 Maria LaRosa 及其同时代的几位主播的日常节目作为样本，对美国天气频道节目的价值取向进行概括式的梳理。

从节目的形态上，最大化地利用视觉媒介的制作手段和技巧。电视产品首先要学会用画面说话。

单人播报和双人对谈，是新闻天气栏目的常态。

◀▲ 21 世纪 10 年代美国天气频道的节目

设置聚焦恶劣天气的"非常态节目"。有时画面所渲染的，是一切皆被黑云填塞的末日感。

天气新闻或专题节目是典型的"熟人社交"，锤炼并彰显主播延展话题或驾驭氛围的功力。

天气话题由主播
间的互动开始，完成
由天气新闻到天气讲
解的顺畅切换。

强调场景序列中节目画面的视觉审美。

不同景区、不同景别的轮替，能够减少观众的倦怠感。

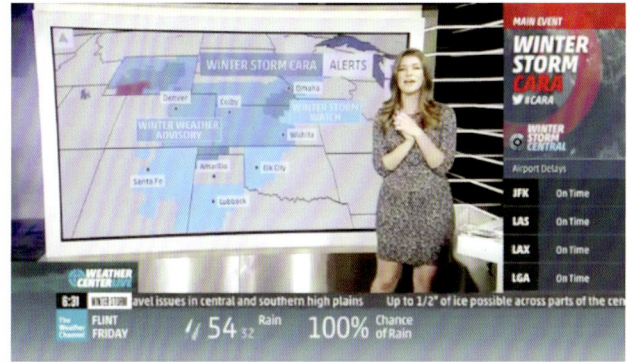
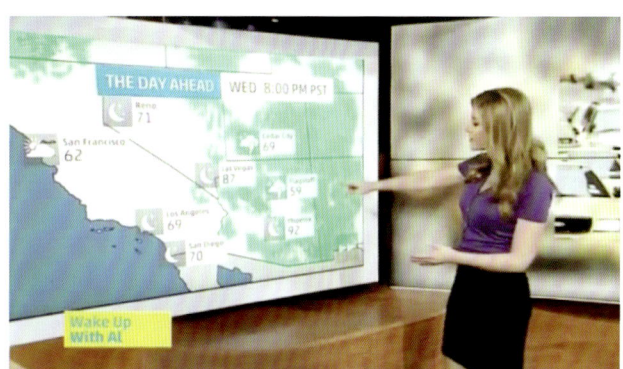

贯通式的大屏幕，使主播的演播更具自由度和现场感。

从节目的氛围看，逐渐打破了以往天气预报的刻板模式。主播抱宠物、吃点心的镜头，都可以出现在天气节目之中。人们对于这些"非传统"的现象，体现着充分的包容甚至认同。

从内容上看，第一，优先聚焦灾害性天气，以及人们普遍关注的热门话题。

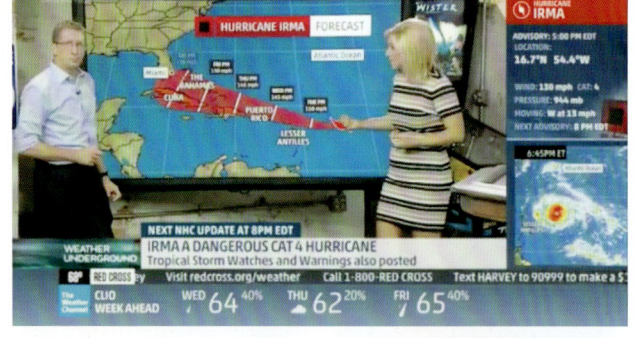

▲ 主播在节目中对飓风未来路径进行推演和判断，对天气风险进行呈现和诠释，力求一目了然

▲ 利用 AR 技术，立体地讲述春季迅猛的回暖

　　聚焦热点事件，使天气评述始终体现新闻属性。除了将视觉合成的艺术手段应用于节目，不断进步的气象监测等科学手段同样为节目效果提供支撑。

▲ 谈论人们普遍关心的初雪何时降临的问题

　　第二，讲述注重细节。

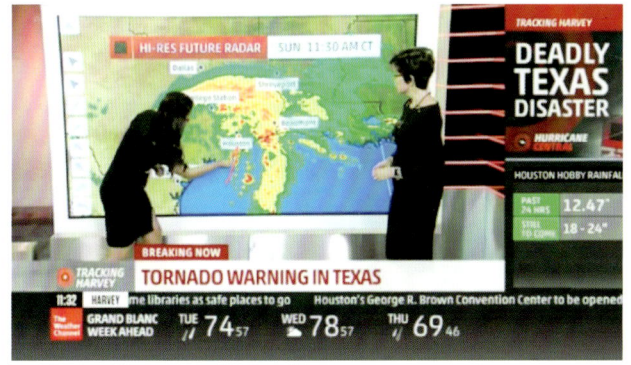 

▲ 天气主播在讲解过程中，突出重点，瞄准细节，所以指示天气图的动作并非"蜻蜓点水"

　　第三，突出时空定位，更强调"此时此刻"（Right Now），强调时段更细、时效更长。

▲ "此时此刻"是天气节目中重要的初始话题，话题脉络由这一刻延展到下一刻

▲ 回顾实况的讲述，精确到逐小时

▲ 常规的预报时效是未来一周，有时针对特定的天气要素可以提供未来 10 天甚至 15 天的预报。而在世界上电视节目初创的 20 世纪 50 年代，预报时效只有 24 小时，只能聚焦"明天如何"

第四，注重科普，突出"由因到果"的逻辑链，阐释天气原理，提示天气影响。

节目中的气象科普，一方面，注重揭示天气原理；另一方面，注重从气候和气候变化的层面审视天气现象。多与少、高与低、正常与异常、预报中的不确定性，等等，既可以成为天气频道中刻意为之的专题，也可以成为讲述天气过程中信手拈来的话题。

▲ 科普龙卷风是怎样形成的

▲ 科普飓风的"眼区"是如何形成的

▲ 解读焚风效应

▲ 科普为什么会出现"雷打雪"的奇特现象

▲ 科普飓风路径的不确定性，看似笨拙的手绘往往是最生动的科普方式

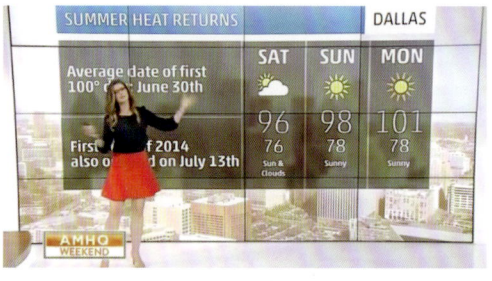

▲ 即使在常规的预报中，也可以引入天气要素与其气候均值的对照，增进人们对气候的理解

▲ 讲述降水之后的湿滑路面对车速的显著影响

▲ 节目中，既有科普，也有盘点。例如对风暴的年度综述和盘点，本质上也是一种科普，是对过往的天气在气候层面的一次"再认识"

可见，气象科普并不仅限于科学原理（内涵），还在于天气对社会生活无处不在的影响（外延）。专业节目和专业频道的亲民，往往体现在解读和提示各种接地气的问题。

可以说，天气频道将天气节目形态的艺术化、多样性以及对天气影响的挖掘和延展都做到了极致。片段式地浏览了美国天气频道 10 年代的节目之后，我们再做一番回溯，回到这个频道初创的时候。

2017 年，美国天气主播 Tom Moore 在 "The Evolution of Broadcast Meteorology（气象传播学的发展）" 一文中，把通过媒介发布天气信息的历史分为两个阶段，第一阶段是 1915—1982 年，第二阶段是 1982 年之后。这种划分方式的依据，就是将美国天气频道的开播作为划时代的事件。

▲ 美国广播公司（ABC）的首位天气主播 John Coleman（1934—2018 年，前排中），是 20 世纪 70 至 80 年代天气主播的代表人物之一，后来成为美国天气频道的联合创始人

美国天气频道，1982 年 5 月 2 日开播，是世界上第一个每天 24 小时 "全天候" 滚动播出天气信息的专业频道。它强调天气信息在时间上和空间上的全覆盖。时间上的全覆盖：全天 24 小时播出。空间上的全覆盖：技术实现信息本地化，即你生活在哪个地区，你在频道节目中看到的信息就是围绕着你的生活半径，精确到街区。当然，还有关于天气节目类型的全覆盖。

翻看那时的节目影像，仿佛回到了爱迪生时代，恍如隔世。那个时候，中央电视台刚刚开始有了天气预报（1980 年 7 月 7 日开播），但还不是一个独立的节目，而是《新闻联播》中不可分割的一部分。

在那个年代，全家人晚餐后围坐着看电视，几乎是美满生活方式的标识。

▲ 1982 年 5 月 2 日美国天气频道首播时的演播室内外

▲ 1985 年美国天气频道自我定位的广告

▲ 1985 年美国天气频道的天气节目

▲ 1988 年美国天气频道的天气节目

◀1990 年（左图）、1995 年（右图）美国天气频道中天气信息的滚动字幕

我在 2000 年初考察美国天气频道时，忙完白天的活儿，晚上舍不得睡觉，就在酒店房间里彻夜收看天气频道的节目，希望能够建立完整的感性认识。不过，那时的节目大多是字幕式的（信息是高度本地化的），等到一个整点，天气主播才会匆匆地亮个相。虽然主播说"我们很快会回来"之类的话，但再见一次要等好久。

▲ 1993 年美国天气频道的节目，主播在讲述热带低压。低压的强度、定位和移向等信息是以字幕的方式进行补注

我是 1993 年开始出现在 CCTV-1 的《天气预报》中的，所以对那一年美国天气频道的节目状况格外关注。那时候，我们能在电脑中生成地图然后将天气数据转换成天气符号显示在地图上了，这是当时一项令人津津乐道的研发成果。那时，做一个 5 分钟的天气节目已属不易，我们对全天播出天气信息的专业频道还不敢奢望。后来，当 2002 年我们准备筹办自己的天气频道时，美国天气频道是我们心目中很好的范本。

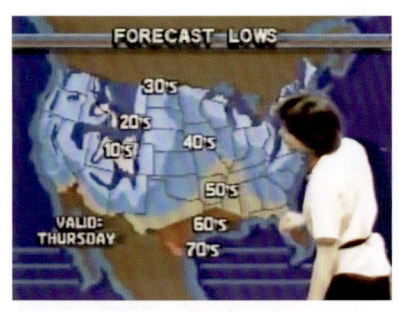

▲ 1984 年美国天气频道的天气节目

▲ 1993 年美国天气频道的天气节目

在美国天气频道 20 世纪 80 年代的节目中，区域性气温的预报还只是幅度区间，而非确切数字。20 世纪 90 年代的节目中，区域性气温的预报也只是示意性的，一个州标注一两个数据。而 21 世纪 10 年代，气温的预报已经可以精确到街道和社区了。

节目画面中最醒目的，是主播手里的有线遥控器，可以随时切换天气图，但用不好就会扰乱观众的关注点。当然，遥控器现在都已经升级为更轻便的无线遥控器了。

20 世纪 90 年代初，主播手里的遥控器常常是观众热议的话题，主播们讲天气时往往也喜欢故意"嘚瑟"一下手里的遥控器。

那时，美国天气频道晚间节目的徽标（logo）是一只比主播还目光炯炯的猫头鹰。在我眼里，这只猫头鹰是那个时代美国天气频道中一种情趣的标识。

在那时的美国天气节目中，主播分析天气形势，例如讲述低压槽、高压脊以及高压、低压、冷锋、暖锋，往往是节目的"上半场"，"下半场"才是介绍预报结果。相对而言，我们的节目以预报结果为主，很少阐述成因，当然，这与节目时长、观众诉求高度相关。

▲ 1993 年美国天气频道的天气节目

▲ 1993 年美国天气频道的天气节目，在地图上标注高低压、冷暖锋并叠加雷达回波已是当时的常态

预报未来 3 天即 72 小时的天气，是当时美国天气预报的标准预报时效（我们当时节目中的预报时效是 48 小时），只是在非常规的"特别节目"中，才有未来 5 天的预报。而 21 世纪 10 年代，预报未来 7 天的天气已是"标配"了。

作为一个专业的天气频道，美国天气频道在 20 世纪 90 年代就已开始提供气候预测了，会展望全月的气候状况，如降水和气温的距平值（某一气象要素数值与气候平均值之间的偏差）。

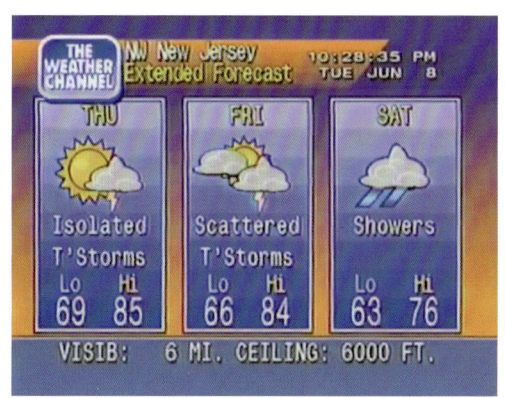

▲ 1993 年美国天气频道的天气节目

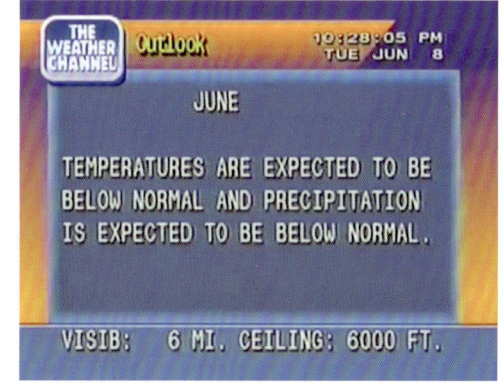

那时，美国天气频道也已开始有少量专门制作的科普节目了。

▲ 1993 年美国天气频道的科普节目《电风扇的作用》

当然，美国天气频道在初创时期最负盛名的，还是它的现场直击和飓风报道。

▲ 1998 年，美国天气频道资深主播 John Hope（1919—2002 年）报道飓风"米奇"

▲ 1988 年，报道飓风"吉尔伯特"

▲ 1989 年，报道飓风"雨果"

▲ 1992 年，报道飓风"安德鲁"

▲ 1999 年，报道飓风"弗洛伊德"

以上几个 John Hope 报道和解读飓风的影像，浓缩了 20 世纪 80 至 90 年代美国天气频道飓风报道的集体记忆。

▲ 美国天气频道资深主播 John Hope 在圣诞节目中的装束

看多了 John Hope 不苟言笑的主持风格，当翻到左面这张图片时，我完全不敢相信自己的眼睛，多亏节目字幕上他的名字足够清晰。

再看一下两位主播共同主持天气新闻版块的画面。

总觉得画面中哪儿有点别扭，是不是那时的两位主播挨得太近了？

▲ 2001 年美国天气频道的天气新闻

▲ 2007 年美国天气频道的天气新闻。主播 Dave Schwartz（右）和 Kevin Robinson（左）之间的距离好像更合理

▲ 2011 年美国天气频道的节目，主播 Dave Schwartz

以上两张图告诉我们，作为一位天气主播，"事前"要做好预报，"事后"要当好"会计"，算好天气的"账"。

2013 年是美国天气频道一个重要的里程碑。2013 年 11 月 12 日，"高清节目"面世。但在网络上，最受瞩目的并不是节目的"高清"，而是节目中 VR 和 AR 技术的常规应用。

2013 年 11 月 12 日 ▶
美国天气频道的高清节目

我们天气主播之间曾有一项"英语业务交流",多次观摩 Jim Cantore 的"追风"报道。

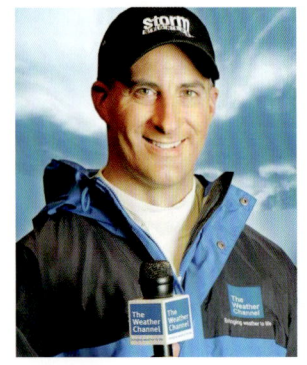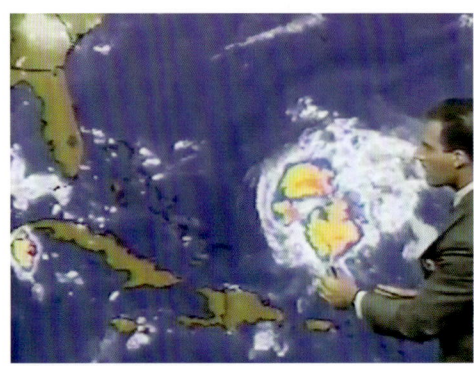

▲ 美国天气频道一位具有代表性的主播 Jim Cantore,他以直击飓风和龙卷的现场报道而闻名

▲ 1995 年,Jim Cantore 在节目中讲解天气,他擅长在画面中进行"游击战",但感觉他这样一位在风中放飞自我的主播需要更宽阔的"演播室"

在回顾 Jim Cantore 30 年直击天气的专题节目中,将他的工作定义为"Keeping America Safe"——升华到了"给美国以安全感"的高度。

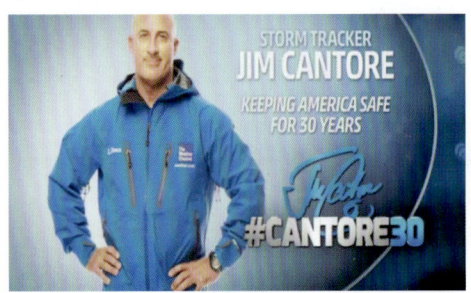

▲ 2017 年,Jim Cantore 在飓风眼壁附近进行现场报道

2015 年之后,Jim Cantore 终于开启了新的天地。他主持的气象科普节目从此具有了电影大片一样的视觉冲击力,引领了非预报类天气节目的走向。

▲ Jim Cantore 的天气节目中的 AR 科普片《袭击天气频道的龙卷风》

第3章
天气节目的通行趋势

3.0 综 述

2005 年，我在"遛弯儿"时邂逅了一位来自美国的游客，攀谈之中他得知我的职业是天气主播，于是"刷刷刷"地创作了一幅速写送给我。显然，在他的观念之中，天气主播就是拿着一根棍儿站在地图前讲天气的人。顺便说一句，这位游客比较专业，画的中国地图轮廓很神似，并且没有遗漏台湾岛，而且在地图上还画了一条很规范的冷锋。

▲ 一位美国游客画了一幅速写送给我

在观众的眼中，天气主播似乎有一种定式——站在地图前说天气。他们之间的差别，仅仅在于身后的地图有所不同。

其实，进入 21 世纪后，天气节目跟以往越来越不同。很多天气节目变得越来越"非传统"，也越来越多样化。

不过，在天气节目演化的过程中，似乎又有一些共性，我们将其称为"通行趋势"。也就是说，大家在颠覆传统之后，节目的内容与形态又在不断地"求同存异"。本书的第 3 章力图梳理各国节目新的"求同"部分；第 4 章则努力梳理各国节目新的"存异"部分。当然，这一切都基于全球天气节目的海量样本，是基于实例的解析。

第 3 章设定了 12 个小节，实际上是天气节目演变中的 12 条线索，这是本书篇幅最大的部分。

　　3.1 节"媒介无界"、3.2 节"'众筹'来的节目",描述的是媒介环境的变化以及节目创作和信息采集方式的变化。自 1999 年开始有了全媒体的概念,天气节目已不再仅仅是电视媒介的信息服务产品,也不再仅仅是"我告你知"的单向传播。

　　3.3 节"低头看得更细,抬头看得更远"、3.4 节"天气预报不止预报天气"、3.5 节"知其然,亦知其所以然",描述的是天气节目的内容变化,也反映出天气节目社会预期的变化。3.3 节,聚焦的是气象科学水平的提升,使天气预报的精度和时效所产生的变化。3.4 节,聚焦的是天气预报由要素预报到影响预报的变化,由天气核心信息,延伸到天气"周边"信息。3.5 节,聚焦的是天气节目中的气象科普,培育受众的科学素养,以及"DIY(自己动手制作)式"理解和应用天气信息的能力。

　　3.6 节"节目中的熟人社交"、3.7 节"与图越来越'亲昵'的天气主播"、3.8 节"天气预报在天气里播报"、3.9 节"虚拟的现实",描述的是天气节目的典型化形态。3.6 节,聚焦的是天气信息的"话题化",天气信息被"肢解"为一个个话题,在新闻主播与天气主播的交谈中递进和延展。3.7 节,聚焦的是天气主播对天气图的讲述越来越细腻,这与天气相关信息类别的丰富性、解读信息的深度密切相关。3.8 节,聚焦的是天气节目演播环境开始越来越多地回归自然。3.9 节,聚焦的是虚拟技术的广泛应用,使天气节目有了更具创意的场景,甚至有了"大片儿"的感觉。

　　3.10 节"让事故变成故事",描述的是公众对于节目直播的瑕疵、节目创作的另类,有了更多的包容,节目创作者得以在宽松的氛围中不断创新。

　　3.11 节"美图与美女",描述的是天气节目的"颜值"导向。3.12 节"明星也来聊'天'",描述的是越来越多的"跨界"现象。天气主播在一定程度上,正在变为"自由职业者"。

▲ 2018 年 6 月 1 日中国台湾三立电视台的天气节目

　　进入 21 世纪后,就全球而言,天气节目增量巨大。人们更加追求天气节目的品牌化,以避免同质化。而其中,打造风格鲜明的天气主播,促进天气主播的品牌化,是塑造天气节目品牌的重要着力点。

　　例如在中国台湾,很多天气节目非常注重风格化、标签化,突出节目的主播属性。

　　天气主播吴德荣被称为"气象老大",节目的名称就叫作《气象问老大》。而媒体也乐于为天气主播冠以"气象神算""气象仙女"之类的各种标签。

▲ 中国台湾大爱电视台为天气主播彭启明量身定做的节目《彭博士谈天说地》，图为 2007 年的节目

▲ 中国台湾三立电视台为天气主播李富城量身定做的节目《李富城说气象》，图为 2014 年的节目

中国台湾原空军少将俞川心先生退役后成为一名天气主播，被称为"气象将军"。

▲ 2015 年 7 月 10 日，俞川心在中国台湾中天电视台的天气节目中担任天气主播

▲ 2018 年 7 月 10 日，俞川心在中国台湾东森电视台的天气节目中担任天气主播

1993 年，任立渝先生由中国台湾气象部门预报中心主任转任天气主播。在他的天气讲解过程中，有图形的菜单式切换，有触摸式的图形绘制。节目字幕对其称谓是"气象专家"，突出他的专家属性。

▲ 2017 年 10 月 14 日，任立渝在中国台湾 TVBS 的天气节目中担任天气主播

在中国台湾，任立渝先生无疑是天气主播的专业标识。我在中国台湾客座授课时，主办方介绍我的身份，曾多次用到"他是大陆的任立渝"这样的说法，作为溢美之词。虽然我们同是 1993 年起担任天气主播的，但他年长我整整 20 岁，乃业界前辈。

年逾古稀的任先生，在台风迫近和侵袭的过程中，依然夜不归家，在节目中进行全天高频次的解读，因为很多观众看了他的台风分析才吃下"定心丸"。或许，这就是"品牌化"了的天气主播。

3.1 媒介无界

电视上的天气主播们通过互联网，延伸着天气节目的影响力和存在感。甚至在某种程度上已经成为超越电视节目的传播方式。当然，在社交媒体上，天气主播的粉丝更关注的未必只是天气。

▲ 2015 年韩国文化广播公司（MBC）的天气节目，节目画面中显示链接信息的网址

▲ 2015 年韩国广播公司（KBS）的天气节目，节目画面中提供了主播的电子邮箱

▲ 美国天气频道的节目，介绍主播的字幕中，除姓名外，还显示他们的社交媒体账号，力求电视节目与网络的互通

▲ 21 世纪 10 年代，很多天气节目的预报版面中都随时显示着主播社交媒体账号

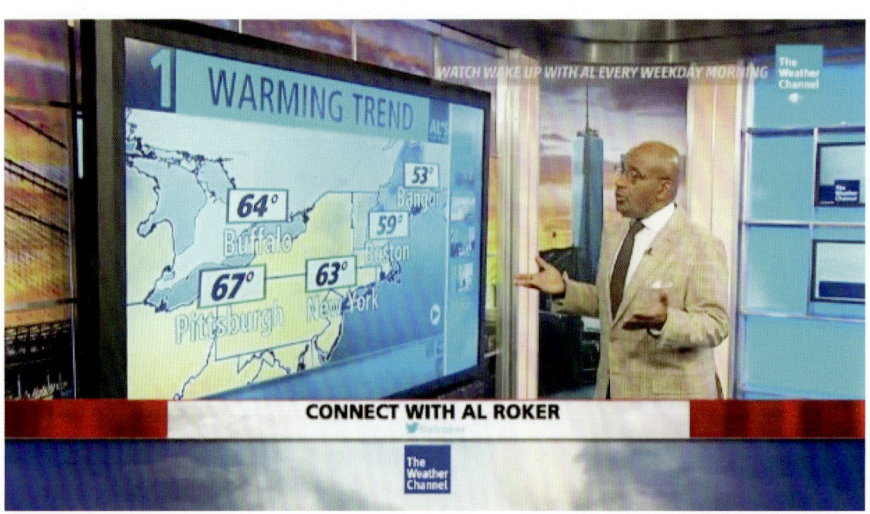

▲ 节目中，通过字幕提示，鼓励观众与主播之间实现线上互动

各国天气主播们的社交媒体页
面（①美国天气主播、②德国
天气主播、③印度天气主播、
④加拿大天气主播）▶

从2015年开始，墨西哥第三大
城市蒙特雷的天气主播Gacia在
社交媒体上被称为"别人家的
天气主播""使人爱上天气预
报的天气主播"▶

　　Gacia在社交媒体上的粉丝数，远超过美国所有的天气主播。有网友吐槽道："如何发现今天的天气糟透了？就是当把Gacia换成真正的天气学家给你讲天气。"

　　我在给大气科学系的同学讲课时，在世界气象组织（WMO）的天气主播研讨班讲课时，都曾提出一个同样的问题：你记忆中印象最深的天气主播是谁？

　　答案几乎是同样的：Gacia！即使叫不上她的名字，也会说是墨西哥的天气主播。

　　我再问："你印象中墨西哥的气候特点是什么？"

　　大家只是哈哈一笑，因为他们从来没有留意过墨西哥的气候。可见，不光是网友，即使是专业人士或者准专业人士，几乎都曾通过互联网看过她的天气节目，尽管对墨西哥或者蒙特雷的天气并无兴趣。

我们称呼这个时代，有多种冠名方式：

从信息容量和信息交互的视角看，这是**信息时代**；

从公众对天气信息需求的视角看，这是**天气敏感时代**；

从信息的传播和链接方式的视角看，这是**互联网时代**；

从媒介的融合与协同的视角看，这是**全媒体时代**。

在信息时代，最不匮乏的，就是信息。在信息变得廉价的同时，信息如何整合、如何传播就变得更重要，否则就会被淹没在信息的海洋之中。传播学巨匠麦克卢汉认为："一种新媒介的出现，总是意味着人的能力获得一次新的延伸。即媒介就是信息，而不仅仅是一种工具。"（马歇尔·麦克卢汉，《理解媒介》，1964 年）

在天气敏感时代，人们更追求生活环境的安全性和舒适性。所以，对天气更敏感，对天气信息的需求更旺盛。如何降低公众对于信息的检索成本，如何使专业而"高冷"的天气信息传播者做到"俯身倾听"和"随时恭候"，如何通过"简单查询—精准推送—社交互动"的方式，打造"个人专属的天气解决方案"，使天气信息由"通用信息"变为本地化（Localized）和个人化（Personalized）的"专属信息"，成为核心命题。

互联网，重要的是搜索入口；而移动互联网，更重要的是定位搜索入口。定位系统使信息向特定用户的精确推送成为可能。

从前，传统媒体无法解决用户反馈和实时互动，容易"闭门造车"。而在互联网时代，信息传播方式最大的变化，就是由发布式传播变成了关系链传播。天气信息不再只是"我说你听、我告你知"的单向传播。

"人人都有话筒""人人都是媒体"，受众既是信息的接收者，也是信息的再传播者和评价者，甚至一些话题的传播都是由他们发起、设置并推动的。这是"技术赋权"背景下的新型传播链和舆论场。

所以，天气信息的传播，不能简单地发送信息，而要考量整个舆论场背景。

例如 2014 年，针对台风"威马逊"，CCTV《天气预报》发布了红色预警。但这次超强台风的来临，却没有引起媒体和自媒体足够的关注。原因是，在台风"威马逊"即将登陆之时，马来西亚航空公司 MH17 航班在乌克兰境内被地对空导弹击落，一时间成为人们最关注的焦点事件。这就要求我们制订不同的舆论场背景下不同的传播策略。

相反，2017 年寒露节气，"鹿晗体"（网络上的一种说话方式。原是鹿晗在 2017 年 10 月 8 日在没有任何预告的情况下突然公布和关晓彤的恋情，其文体"大家好，给大家介绍一下，这是我的XXX"被网友们称为"鹿晗体"）的一句"给大家介绍一下，这是一轮大风降温"，微博阅读量达 4000 万人次。虽是我比较反感的"蹭热点"，但为了在特定舆论氛围中有效提示强行换季的大降温，也只好顺势而为。

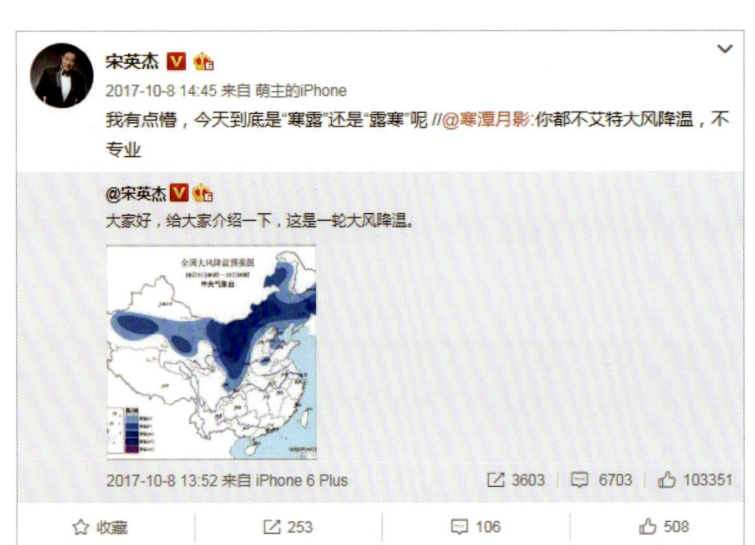

▲ 我 2017 年 10 月 8 日的微博

受众的理解能力以及他们在传播链中的评价倾向，都会显著影响甚至左右特定信息的传播效果。发布式传播往往是一次性的，而关系链传播环境下，我们的原始信息发布只是信息传播的"初始阶段"，后续的传播往往是超脱于原始传播者之外进行的。如何延长传播链，激发受众的接力再传播，并通过受众反馈，不断改善初始传播以及互动传播，变得越来越重要。

▲ 美国天气频道侧重网络传播的天气主播 Ari Sarsalari 打造的科普视频《雪为什么是白色的》。他专注于对全球恶劣天气进行专业解读

在美国天气频道，天气节目尤其是科普类天气节目的创作，已没有用于电视传播还是网络传播的壁垒。主播也是跨媒介出镜，但会根据主播的特质，有的侧重电视，有的侧重网络。就美国天气频道而言，其网站点击量已经超越频道电视收视规模。

我的同事们也在尝试制作"故事化"的网络视频节目。

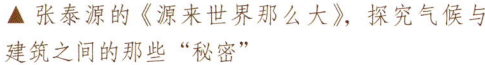

▲ 张泰源的《源来世界那么大》，探究气候与建筑之间的那些"秘密"　　▲ 张帅的《帅真天气》，讲述故宫里的天气原理

在全媒体时代，天气服务转型的重要特征是：在传统媒体和新媒体之间建立"融合发展"的战略思维与"协同优化"的战术响应。媒介之间的疆界正在变得越来越模糊。

据企鹅智酷旗下企鹅调研平台 2018 年 10 月的统计，当重大事件发生，人们第一时间获取信息的途径及比例为：新闻 APP 占 65.2%；微博、朋友圈等社交网络占 52.6%；手机屏幕推送弹窗占 47.2%，电视占 17.7%。手机的小屏幕"战胜"了电视的大屏幕，电视已不再是人们获取信息的主渠道。电视媒体必须由价值平台向内容平台华丽转身，加入到全媒体的融合与协同。在融合与协同中打造一体化发展的天气服务，更高效地实现天气服务产品的聚合化生产、分众化传播。

天气监测和预报信息，有的是分钟级的，有的是季度级的；有的是数据类，有的是话题类；有的是"硬核"知识，有的是感性体验。人们每天接触到的天气信息看似碎片化，但却是高效的聚合化生产之后，分众化传播精准配置或精准推送的结果，理想的状态是使每个人都各得所需。也就是说，节目内容创作时，就需要预先进行一体化构思。但又不能简单地复制、粘贴，然后进行不同媒介的分发。在电视和在网络上有着不同的内容侧重和传播形态。即使针对同一天气或气候话题，在一体化构思的基础上，也都会以不同的内容侧重和形态进行分发式传播。

下面举两个我自己的例子。

我在微博上的标签是"民以食为天，我以天为食"。

2018 年的一期电视天气节目讲述高温日数的增多。而在我的微博上，则是以 2018 年"高温联赛"预盘点的方式，设立关于高温的各个"奖项"。气候变化的背景下，夏，正在变成"夏 Plus"。

2015 年 8 月的一期电视天气节目发布了针对台风"苏迪罗"的预警。而在我的微博中，发布的是关于"苏迪罗"的一则"花絮"："人定胜天"石碑被台风卷走了。这一则微博的阅读量超过了 2000 万人次。

融合协同的天气服务，是将各类平台的特长"协同"在一起之后的"优化"，既体现在平台与平台之间的互动能力，也体现在平台与用户、用户与用户、传播者与被传播者之间的互动之中。

因此，天气信息的传播不再是孤军奋战式的单一媒介传播，不再是"你听我说"的单向路径传播，也不是"我说完了就完了"的单次线性传播。

气象科学，植根于人们的生活体验。预知，是人类好奇心和安全感的重要组成部分。感知和推测天气，原本是人类一种高级的智力游戏，但当它升华为科学门类之后，似乎从人们的生活中抽离出来了。由自给自足地体验和揣测天气规律，渐渐地演化为"我告你知"的远离"地气"的学问了。人们的感知天赋下降了，感情疏远了。因此，我们的传播应当在任何一个信息单元的传播环节中都激发受众的"社交愿望"，并形成广泛而迅速的传播与再传播。其传播速度和规模与传统媒体相比，可能都是爆炸式的增长。

▲ 我 2018 年 8 月 16 日的微博

▲ 我 2015 年 8 月 8 日的微博

我们回顾一个经典案例：2017 年中央气象台在微博上发布的"萝卜蹲"体预报。

2017 年 2 月 20 日早上，中央气象台通过媒体发布"暴雪黄色预警"之后，在其官方微博上又发布了一条非传统的"萝卜蹲"体的降雪预报。主要内容是：新疆、陕西、山西、河南、山东将依次出现降雪。

但当天上午，尚未看到降雪的河南网友开始质疑，认为这是"假的天气预报"，自己遇到了一个"假的气象台"。随后，河南当地媒体《大河报》加入论战，并在微博上向中央气象台发出"战书"：让我们耐心等待，如果今天还不下，我们就让他们做萝卜蹲。中央气象台"蹲"完了，河南气象台"蹲"，河南气象台"蹲"完了，郑州气象台"蹲"，不停循环！

▲ 中央气象台 2017 年 2 月 20 日的微博

面对来自媒体公开的"战书"，中央气象台胸有成竹地回应道：如果下了，《大河报》"蹲"吗？

在"吃瓜群众"看来，这是媒体和气象台之间一次关于降雪的"打赌事件"。而"打赌"的胜负很快就揭晓了——当天 14 时左右，河南陆续出现降雪。16 时左右，"愿赌服输"的《大河报》接受"萝卜蹲"惩罚，其官方微博发布报社一众员工在雪中"萝卜蹲"的表演视频，并配文"下一个谁蹲？"言外之意，敦促所有在上午曾质疑降雪预报的网友和媒体自觉加入"萝卜蹲"的行列。

这一"赌雪"事件，引发了全网关注，成为天气话题的一次"现象级"事件。有网友评论道：中央气象台"咻"地一下就"撂倒"了半个中国。

虽然中央气象台的这条"萝卜蹲"微博只是在通过传统媒介发布预警之后附带的延伸传播，并非预警发布层面的"规定动作"，但其实际传播效果和热度却远远超出传统媒体发布的暴雪预警。

我的体验是，天气信息的电视传播者在社交媒体上至少要满足三要素之一：一是问不倒，二是随时在，三是特别逗。要用和电视节目不一样的方式进行网络互动。

2011 年 4 月 1 日，气象台预报了降雨，但直到中午北京还未下雨，很多网友开始质疑。于是，我在微博写了一首小诗，告诉大家会下雨。然后，真的下雨了……

◀ 我 2011 年 4 月 1 日的微博

2011年4月13日，童话大王郑渊洁认为"蚂蚁气象台"预报了降雨——蚂蚁们紧急修筑"防汛工程"，但北京市气象台并未预报降雨，这是怎么回事？

我以天气谚语回复他："蚂蚁垒窝天气变，蜜蜂出巢天放晴，蜘蛛结网大风起，鸡不入笼阴雨来"，请他再看看鸡有什么反应。那一天，北京果然阴而未雨。

在社交媒体上，我们可以从网友看待天气、描述天气的方式中得到启发，例如吐槽盛夏太热的"我这条命是空调给的"，例如吐槽隆冬不下雪的"凡是不以降雪为目的的降温，都是耍流氓"。或许未来的天气谚语，有些就是这样的句式。

在社交媒体上，我们甚至不回避网友的各种调侃或嘲讽。例如2011年网上的一个问答题，问：谁是世界上最不靠谱的人？答：

第一，CCTV不靠谱；

第二，天气预报不靠谱；

第三，男人不靠谱。

所以，在CCTV播天气预报的男人，是世界上最不靠谱的人。

宋英杰
11-4-13 来自iPhone客户端

咱们的气象台没有预报市区会降雨，不知道它们的气象台是否预报市区会降雨。"蚂蚁垒窝天气变，蜜蜂出巢天放晴；蜘蛛结网大风起，鸡不入笼阴雨来。"您再看看鸡有什么反应？动物的局地临近预报不错，但大区域、长时效、多要素的预报，是动物气象台的业务空白。

@郑渊洁：请教@宋英杰 俺的一处蚂蚁家的家门口今天突然摆出了防洪的架式，明天是要下雨吗？蚂蚁会有因预报不准而蒙受损失或浪费公共资源的情况吗？如果没有，气象局养窝蚂蚁不就能准确预报下雨了？

宋英杰
11-2-11 来自iPhone客户端

哈哈，这个证书靠谱不？//@我们爱讲冷笑话：宋老师是个好男人。。冷兔决定给你颁发《最靠谱男播音员荣誉证书》~哈哈哈哈。。🐰 //@宋英杰 :[大笑] 求 证书

@我们爱讲冷笑话:世上最不靠谱的人：中央电视台天气预报男播音员 因为 1.CCTV 2.天气预报 3.男人

我2011年4月13日的微博（上图）和2011年▶
2月11日的微博（下图）

我认为，在气象信息传播范畴，"USE"（使用）这个词越来越重要，因为气象信息的价值更在于社会是否实现了有效而充分的应用。

而在网络时代，"USE"这个词可以分为三个层级。

第一层是"U"，即Understand，代表理解，是人们对于气象信息的理解。

第二是层"S"，即Share，代表分享，是人们在接受和理解的基础上，通过他们的接力再传播，使信息传播的路径更长，触达更广。在"人人都是媒体"的时代，要特别注重激发信息传播的"回声"效应。

第三是"E"，即Enjoy，代表欣赏，是人们接受和运用信息全过程愉悦的体验。这是建立和维系信任与依赖的前提。人们或许很少能够为一份喜爱清晰地归纳出一条条理由，甚至只能感性地说，就是觉得看这个节目舒服。天气有不同的舒适度，其实在人们的潜意识中天气节目也有不同的舒适度。

　　传播学者喻国明 2015 年在《互联网时代，木桶效应失效了》一文中写道：未来传媒，是以传播为介质的一种配置社会资源、商业资源及一切社会生活的整合架构。未来的传媒会以内容为中心，加入越来越多"非内容"的服务、非内容的价值创造的传播与服务，而且非内容的价值创造远比内容带来的市场价值大得多。

　　我特别认同这一观点，天气信息虽然属于内容服务的范畴，但伴随其间的令人愉悦的非内容服务会体现出越来越高的价值。

▲ 2014 年，英国的天气节目中所体现的多种媒介信息的实时集成

　　对于电视天气节目而言，最业务化的融媒体思路，便是节目和节目影响力的网络延伸。

　　2014 年，美国全国广播公司（NBC）天气主播 Al Roker 进行了连续 34 个小时的天气预报直播，创造了一项吉尼斯世界纪录。这项马拉松式的直播被称为Rokerthon。

　　电视直播，新闻报道，社交媒体的"围观"，网站上的视频回放、视频剪辑，多重媒介合力传播。一时间，Rokerthon 成为社交媒体上最热门的话题。

▲ 2014 年的 Rokerthon 是多媒介协同的一场盛宴

人们还将天气主播杨丹 1996—2018 年的节目截图编串在一起，引得众多观众感叹：从小就看她的天气预报，我都老了，她居然还是那么年轻！于是在网络上，她有了"冻龄女神"的绰号。

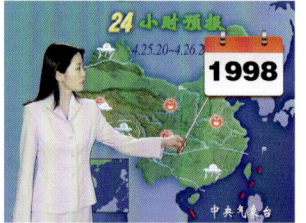

▲ 天气主播杨丹 1996—2018 年部分节目截图

对于很多"资深"的天气节目而言，它们往往是一种集体记忆，最经典的一句话，就是："我是看着你的节目长大的。"希望伴随着人们长大的天气节目也可以"冻龄"，在融媒体时代并没有渐渐变老。

二十四节气物语中有"雀入大水为蛤""雉入大水为蜃"之说，意思是：深秋时节，很难再见到鸟类，但在岸边却很容易见到外壳颜色、纹理与鸟类相似的贝类。于是，人们说深秋时节，鸟类变成了贝类。这是古人浪漫的生命运化观：在季节交替的时节，生命并未凋谢，而只是变换着一种存在方式而已。想飞时，有翅，能高飞于天；想藏时，有壳，可深藏于海。

其实，媒介也是如此，在媒介无疆界的融媒体时代，它们只是变换了存在的方式而已。

▲ "冻龄女神"成为国外媒体及网友热议的话题

3.2　"众筹"来的节目

在全媒体时代，天气节目的信息编排和表述方式，既要有专业思维，也要有开放态度，能够吸纳受众的需求和感触。

将社交媒体中探讨的典型性天气问题利用传统媒体进行深度解读。节目中信息的题材、阐述方式和呈现方式，越来越"开门造车"，越来越体现出节目的"众筹"意识。

在社交媒体上，很多关于天气的吐槽令我印象深刻。

比如 2011 年，严重"贫雪"时人们的吐槽："凡是不以降雪为目的的降温，都是'耍流氓'！"

比如 2016 年，面对连续剧式的"桑拿天"，人们吐槽："我这条命，是空调给的！"

比如春天气温跌宕起伏，感觉春如四季，人们聊起"春姑娘"时吐槽："众里寻她千百度，她想几度就几度。"

最经典的语言，往往在民间。

▲ 2017 年北京广播电视台新闻频道（BTV 新闻）的天气节目，主播杨婉莹讲述朋友圈的"北京城天气"

我记得我第一次在天气节目中引用"网络语言"，是 2011 年 6 月 30 日。在中央电视台《新闻联播》之后的《天气预报》中，我说道："最近网上有一个热门词汇叫作看海。今后一段时间，强降雨依然频繁，希望'看海'一词不会再度流行。"

我第一次在网上主动征集并"择优"引用网友对于天气的评述，是 2014 年 12 月 3 日。

当时的天气背景是：直到 11 月 30 日，华南地区很多地方的最高气温还保持在 30 ℃左右。但 12 月初，一股强冷空气几乎席卷全国，华南多地的最高气温"高台跳水"，猛然跌至 10 ℃左右。人们对热的抱怨很快转化为对热的怀念。

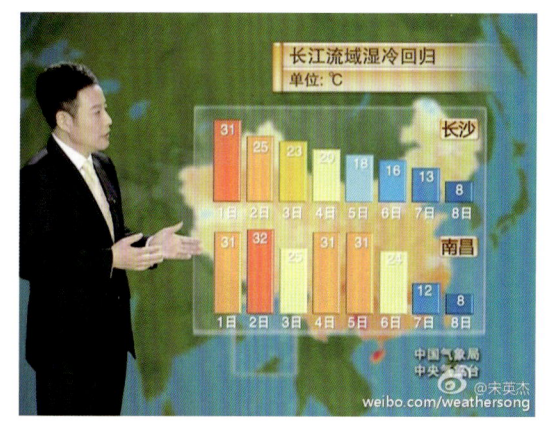

▲ 2015 年 4 月 6—9 日的倒春寒期间，网上流传最广的一句话："好不容易熬过了冬天，却差点冻死在春天！"

12 月 2 日，我在节目中描述这股冷空气之后，说 12 月上旬还有三股冷空气："四股冷空气，好似连续剧。"随后，我通过微博介绍了节目解说词的创作过程，并针对如何在次日的节目中概括这股冷空气的影响，进行了公开征集。

众多网友发表了自己的感言。其中一位网友感慨："这哪儿是降温啊？这明明是速冻嘛！"这句话引发了大家的共鸣。当天午夜，我回复，决定在次日的节目中引用。

12 月 3 日的《天气预报》中，在总结这股冷空气的影响时，我如约引述网友的这段留言。随即，这段话被众多网友所引用，并开始在微信朋友圈中广泛转发，成为一时间的网络流行语。

节目播出之后不久，我在微博中告知大家，我不能"掠美"，这是源自一位网友的留言。于是有更多的人将自己的"天气感触"在我的微博中留言。

进行这一次小小的尝试，是希望它能促进受众的参与感，能够促进一种良性循环。使受众意识到，他的感触有人关注，他也参与了节目的创作；使我们也能意识到，节目的创作没有围墙，乐于并善于吸纳别人的智慧，也是一种智慧。

南方

北方

▲ 网友"加工"我的头像，以衬托冬季的一个热门话题：在南方无暖气的屋里和在北方有暖气的屋里，分别是怎样的情景？

我在节目中第一次借用网友提供的图片，是 2018 年 12 月 12 日。

于是，我就将这两张图用在了节目之中，以诠释北方的取暖加剧了室内的干燥，南方的潮湿加重了体感的冷。

后来，很多朋友感慨："你们现在'尺度'好大，天气预报节目也可以开个玩笑了！"

▲ 2011 年美国的天气节目，话题与图片来自网友的上传。主播选取网友提供的云蒸霞蔚的图片进展示，并进行原理解读，使网友感受到，他自己也是一位天气观察员（Weather Watcher）

▲ 孟加拉国的天气节目，甚至预报信息的衬底画面都可能来自其他媒介

关于北京的"火凤凰"晚霞，有网友评论：

"北京还能看到这么美丽的云彩？"

"这不是北京烤鸭吗？"

"大自然是最伟大的艺术家！"

转发迅速，评论如潮。几乎所有媒体的社交媒体账号都发布了关于北京火凤凰状晚霞的相关信息，从转发和评论量可以看出，这是当晚最火爆的信息之一。于是当晚的天气节目就将解读晚霞作为头条内容。

从表象上看，这是一种短暂而奇异的天气现象，人们为之惊叹；而从深层次看，这种在古代具有祥瑞属性的现象，折射出人们内心的天气观，在岁末时节人们下意识地认为这是一种吉兆。

对于天气信息传播机构而言，面对人们的热议和热切关注，不能没有自己的"专业声音"。天气服务的无所不在，应该也体现在非传统的领域和非常规的话题上。如果我们能够在人们关注的过程中，以专业的视角解读晚霞发生的缘由，是否预兆着后续天气的变化或状态，会拉近我们与受众的距离。

我们当然不只是陪同人们一起惊叹，而是需要有自身的专业视角和能力。在重大公共话题中，相关的专业机构不能失语。天气信息传播，在任何一个看似细微之处，都要做到无微不至。

▲ 2014 年 12 月 23 日下午，众多网友惊喜地发现和拍摄了北京火凤凰状的奇异晚霞，并上传各网络媒体

在互联网时代，天气节目的选题设定未必都是自己发起议题，有时也需要"搭顺风车"，借用别人的议题，或者借助已形成的转播热点。

当然，天气节目不能只是直接提取网上的天气问题或者套用网上的天气描述，更多情况下，是及时发现网友的疑惑或者吐槽，不断调试并预先规划节目的选题以及呈现方式。

对可能会造成误解的天气话题，具有前瞻性地进行解读。

有一个台风，名字叫作"巨爵"，"巨爵"在汉语中的发音与"拒绝"完全相同。记得 2009 年，当人们听到"台风'拒绝'在广东登陆"的消息时，立即惊呆了！

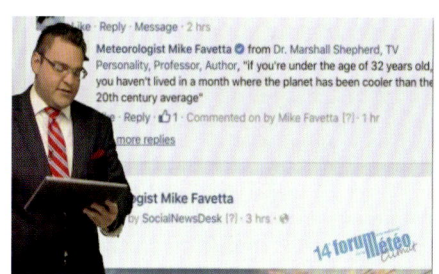

▲ 2016 年美国的天气节目。主播 Mike 经常在节目中拿着 iPad 援引网友的天气评语或者选取网友提出的问题在节目中进行应答

2015 年，我曾在网上发布一个问题：你印象最深的一个台风名字是什么？结果收到的网友回复，提及率排在第一位的，正是"巨爵"。排在前七位（提及率超过 4%）的分别是台风"巨爵""海燕""麦莎""悟空""龙王""威马逊""桑美"。台风"巨爵"的网络知名度，居然超过了在专业层面更著名的台风！

2015 年 10 月，当新的台风"巨爵"在侵袭菲律宾之后，开始探讨它对中国的可能影响时，我们便预先在社交媒体上，话说 2009 年的故事，这个台风名字可能造成的歧义，给受众打"预防针"，结果引发热议。大家在轻松的气氛中了解了台风"巨爵"，既提升了对台风的关注，也减少了对于台风名字的可能误解。

对常规的问题，预先设置符合身份、符合场合的参考答案。

在社交媒体上，一些机构第一时间所做出的官方回应，有时起到的是引爆舆论、火上浇油的反作用。

网友问："今年冬天是暖冬和是冷冬？"

专家半开玩笑地回答："到底是暖冬还是冷冬，冬天过了就知道了。"

这段话被媒体引用后，引发了轩然大波。众多网友指责或调侃："冬天过了才知道，那还要专家做什么呢？"

天气节目的创作者需要借助互联网这个最好的获得反馈的途径，了解公众的关注在哪里，误解在哪里，意见在哪里，随时获取，随时调整。

对于直播过程中同事"救场"的这一行为，部分网友颇有微词，纷纷指责美国 KLTA 电视台和布罗斯的做法简直就是当众羞辱 Liberte Chan。有人评论道："如果我是女主播，我可能会当场走人。"

▲ 2016 年 5 月，美国 KTLA 电视台的天气主播 Liberte Chan 因身着黑色酒会礼服播报早间天气引发部分观众的不满，但同事布罗斯递上外套救场之后又引起另一些观众的抗议，此事在网上引发热议

对此，布罗斯解释道，当时收到的邮件中指责和支持各占一半，因此，让 Liberte 在裙子外面穿上外套是一个折中的办法，或许一举两得。他认为这并不是羞辱，只是在收到观众反馈之后，好朋友之间开的一个玩笑。但对于这一解释，很多人表示并不买账，指责他的行为是公开羞辱 Liberte，让她难堪。最后，Liberte 表示，希望观众不要对此介怀，一边听天气预报一边享受美好的清晨就好。

从这一事件我们可以看出，天气节目在直播的过程中，节目组是在同步读取观众的意见，并根据观众的即时反馈随时进行微调的。

我曾经实时追踪一轮降雪过程。

2013 年 3 月 19 日，临近春分，北京陆续出现降雪。之前的预报是：北京当日有雨夹雪转中雪，北部地区有大雪。

从网络上看，人们关于这场雪的议论分为五个阶段，每个阶段都有不同的热点话题：

第一轮议论是在 19 日上午，主要说：“雪怎么还不下？”

第二轮议论是在 19 日中午，主要说：“雪是下了，可为什么雪这么脏？这哪里是中到大雪？”

第三轮议论是在 19 日下午，主要说：“这就下完了？明明是中到‘大泥’嘛！说好的中雪呢？”

第四轮议论是在 20 日清晨，主要说：“雪好大！真美！”并纷纷上传图片，展示雪后美景。

第五轮议论是在 20 日上午，主要说：“北京春分还下雪，正常吗？这是不是北京最晚的雪？”

其实，北京“最晚”的雪出现在 1959 年的 4 月 21 日，谷雨时节还下雪。北京的平均终雪日期是 3 月 17 日，2012 年是 3 月 18 日，20 世纪 80 年代之后的最晚终雪是 1988 年的 4 月 4 日。所以这场雪虽令人惊奇，但并不算不异常。

▲ 我 2018 年 2 月 19 日的微博，一句话科普雨水节气

▲ 我 2018 年 6 月 27 日的微博

从这场雪的网络热议过程，我们可以得到很多启示：不是预报发布了，实况与预报基本吻合了，就是成功的服务。我们需要实时滚动地追踪公众的关注点，预先料想到人们内心的每一个“问号”所在。公众的反应，包括疑惑，包括吐槽，都可以是天气节目的选题。

结果服务固然重要，天气信息传播的过程服务也同样重要。对观众反馈常态化地了解，会使我们对公众什么时候会产生怎样的质疑或困惑，能够相对准确地做出预判。

在与网友的互动中，我曾解读三个容易被误解的名词：地表温度、湿度、夜温。我们之所以选择一个特定的时机，在节目和微博中解读特定的问题，都是因为已经做出了预判，因为以前每年的这个时候都是观众提出相应问题最集中的时段。

　　我们还可以通过社交媒体即时汇集受众已经存在的怨言，在节目中及时消解。

　　下面这个例子是我在 2015 年 2 月底所做的一次网络活动"投诉'老天爷'"，各地网友都可以发表对于近期天气的各种怨言。

　　我的原帖是：投诉"老天爷"——转眼就是 3 月了，如果您觉得这个冬天自己所在的地方非常"贫雪"，请留下您的城市或地区名，以及投诉意见。

▲ 我 2015 年 2 月底的一条微博——"投诉'老天爷'"活动，网友们踊跃留言

　　活动当日即收到近千条"投诉"，有些是认真的，有些是调侃的，在相对轻松的气氛中说自己，看别人。人们对于天气的感触进行了一番整理，消消气、解解压。同时，我们也了解了受众对于天气的评价和期望。

　　通常情况下，社交媒体中应当建立一种欢迎吐槽的氛围。可以探讨预报偏差，可以言说特定预报的不确定性所在，使受众浸润在理性的氛围之中。

　　平常时有"预防针"，紧要时才少有"大疫情"。

　　平时的分享和互动太少，误解累积才会有爆发。例如：关于盛夏季节气象部门是否刻意压低气温，是否瞒报高温，说明公信力的建构任重道远。

　　未来的天气节目，更像是众筹的节目，所以我们的思维要把任何一个受众都当作媒体，而不仅仅是受众。

3.3　低头看得更细，抬头看得更远

电视天气节目的发展，其实有两条主线：

一条是仰仗气象科学和技术的支撑；

一条是依赖电视艺术和技术的加持。

从气象监测和预测预报能力提升的视角，我们可以看出，天气预报体现着两大趋势：

一是精度更高，即"低头看得更细"；

二是时效更长，即"抬头看得更远"。

先说"低头看得更细"的部分。

20 世纪 90 年代开始，卫星云图成为各国天气节目中最常态的监测图，也是人们心目中最直观的专业图。（直到今天，还有关于卫星云图的"神话"，比如天气新闻中有这样的口头禅：根据最新的卫星云图，未来两天将有大风降温"。其实卫星云图监测的是实况，是正在发生的事情，在卫星云图上看不到预报结果）

▲ 2012 年阿曼的节目

▲ 2015 年捷克的节目

21 世纪 00 年代，雷达回波图在高频次的天气直播节目中广泛应用。卫星云图和雷达回波图，逐渐成为各国天气节目中的"标配"。

▲ 20 世纪 90 年代美国的天气节目，采用雷达回波图

▲ 21 世纪 10 年代美国的天气节目中，卫星云图与雷达回波的叠加

卫星在天上，卫星云图的优点是"高屋建瓴"，擅长表征宏观的天气趋势以及大范围的天气系统。雷达在地上，雷达回波的优点是"细致入微"，擅长捕捉小区域的、短时临近的天气细节。一个是卫星在天上画的写意画，一个是雷达在地上画的工笔画。它们俩，各有专长。

▲ 2019 年美国的天气节目。继三维云图之后，又有了三维的雷达回波图

▲ 2017 年江苏天气节目中的雷达回波图

20 世纪 90 年代的时候，人们往往觉得天气预报能说出第二天有没有雨，就算是"谢天谢地"了。现在不仅要说准有没有雨，还要说准什么时候下、什么时候停、下多大、有没有"伴奏"（风、雷、雹等）。而预报精度的目标，是所谓的"三个一"，即一小时、一千米、一毫米。

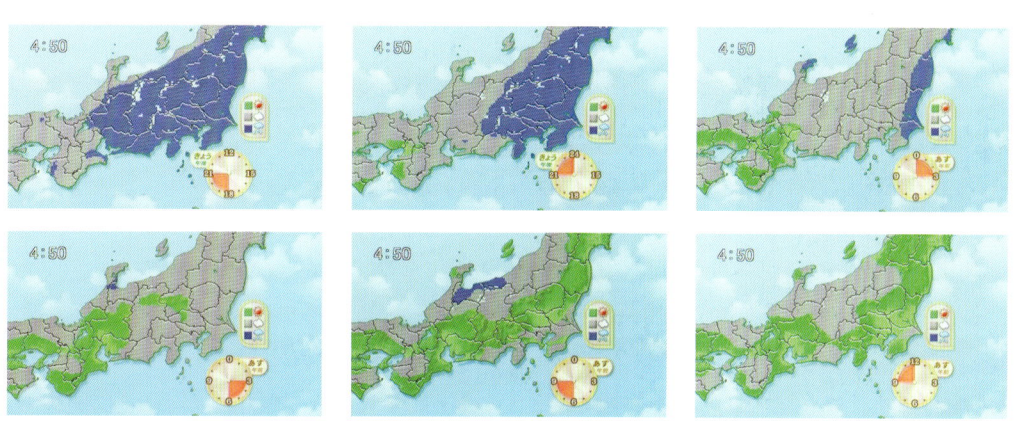

▲ 2010 年日本的逐 3 小时降水落区预报

▲ 2007 年美国天气频道逐 3 小时的精细化预报，时段更精细

▲ 2007 年美国有线电视新闻网（CNN）的风暴影响预报，区域更精细

21世纪10年代，不少国家的天气节目已经实现了天气实况的分钟级监测以及天气要素的小时级预测。

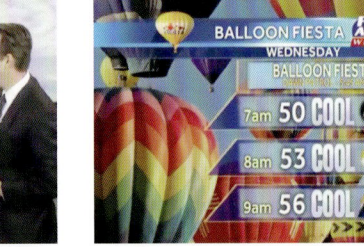

▲ 2014年美国的天气节目

▲ 2019年美国的天气节目

对天气风险进行分级提示。这也就意味着，天气预报由要素预报，向影响预报延伸。

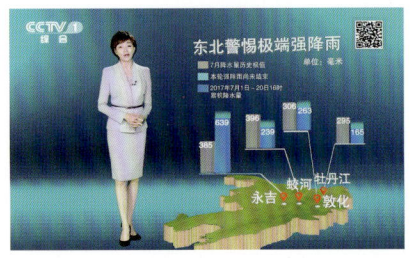

▲ 2017年CCTV-1《天气预报》，主播王蓝一对降水异常偏多地区进行指向性非常明确的风险提示

▲ 2016年美国的天气节目，不同等级以及不同趋势的灾害预警

▲ 2019年美国的天气节目，不同天气、不同颜色的预警

▲ 2019年美国的天气节目，预警信息已经精确到乡镇

　　而且，既要注重天气的原生影响，也要关注天气影响的次生风险，例如渍涝、火灾、地质灾害、交通风险、作物病虫害等。

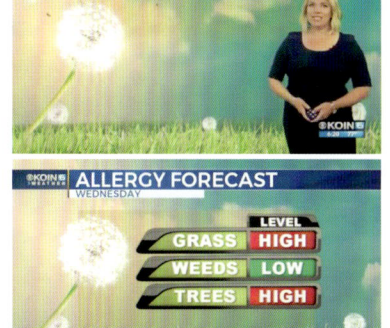

▲ 2019 年 5 月美国的天气节目，关于花粉进行分类预报

▲ 北京通常在 4 月 13 日前后平均气温 14 ℃时，花粉浓度达到峰值。而 2018 年北京早在 3 月 24 日平均气温便达到 14 ℃，提早了整整 20 天。于是我在天气节目中，以气候变化为背景，提示预防春季花粉过敏高峰期的提前到来

▲ 中国台湾天气主播彭启明提示人体对天气变化的反应

▲ 中国台湾天气主播戴立纲提示天气影响的重点区域和重点时段

　　天气节目不仅要看得更细，还要说得更浅。天气信息正在由预报结论（Conclusion）向解决方案（Solution）过渡。

　　什么是准？降水预报的准，原来是指"有无"，现在还要提供起止时间、量级、风险等级等。

▲ 中国台湾天气主播简玮靓在天气节目中，以"天气小叮咛"的方式：提醒人们在深秋时节，把握最后的温暖好天气

▲ 大风预报得准，原来是指以风力为标识的大小，现在还要有精准的风速和风向

再说"抬头看得更远"的部分。

在 20 世纪 90 年代初，我们节目中的预报时效是 48 小时，节目的话题聚焦在"今天晚上到明天"，谈论"大后天的天气如何"，就已超出常规业务的范畴了。我记得，1996 年在节目中提前 5 天提示多雨季节的结束，还履行了逐级的审批流程。

但到了 21 世纪 10 年代，预报下一周甚至下一旬的天气，都已经成为天气节目中的"家常便饭"了。

▲ 21 世纪 10 年代，美国的天气节目中提供未来 7 天的预报已成为常态化的内容，对于其中的天气突变，主播会进行重点提示

下面，我们来追溯一下预报时效延长的历史进程。

▲ 预报时效：3 天。加拿大，1996 年

▲ 预报时效：3 天。匈牙利，1998 年

▲ 预报时效：4 天。美国，1996 年

▲ 预报时效：4 天。瑞士，1998 年

▲ 预报时效：5 天。美国，2000 年

▲ 预报时效：6 天。法国，2013 年

▲ 预报时效：6 天。韩国，2014 年

▲ 预报时效：7 天。加拿大，2013 年

▲ 预报时效：7 天。日本，2014 年

▲ 预报时效：10 天。美国，2014 年

▲ 展望未来 15 天逐日的天气特征。英国，2019 年

可见，天气节目中的预报时效，由最初的 24 小时，逐渐延展到了 240 小时甚至更长。而相对可靠的预报时效，大约每 10 年延长 1 天。

我们希望天气预报"对要对得更精彩，错要错得更无奈"。但在"低头看得更细，抬头看得更远"的过程中，不断挑战预见能力的极限，说得细、说得远与说得准之间往往存在一定的矛盾。这就如同体育比赛中，难度系数与稳定性之间的矛盾一样。

　　此外，我所说的"抬头看得更远"，并不只是预报时效更长，还在于预报视野更宽阔。在经济全球化的时代，人们的视野并不只局限于自己的"一亩三分地"，不仅要有国家意识，还有要有世界眼光。

▲ 20 世纪 90 年代英国 BBC 的节目，天气主播 Bill Giles 不仅讲述英国天气，还讲述奥地利的天气，甚至讲述整个欧洲、北美洲的天气

▲ 中国中央电视台英语国际频道（CCTV-9）的天气节目，天气主播潘宝儿讲述北半球的高空环流形势

　　顺便说一句，潘宝儿的家乡在美国东北部的佛蒙特州。那里的人们吐槽冬季之漫长和春季之泥泞，说一年中的四个季节分别是：大约是冬季、冬季、依然是冬季、修路季（Almost Winter, Winter, Still Winter, Road Reconstruction）。

▲ 中国中央电视台中文国际频道（CCTV-4）的天气节目，天气主播张泰源分析印度乞拉朋齐为什么可以成为全世界的降水冠军

▲ 2014 年韩国的天气节目，主播在报道北美洲的天气状况。与天气相关的新闻报道中，涉及国内的，一般不附加地图；涉及国外的，照顾到受众对国外地名和地理位置的认知能力，一般会附加地图

▲ 美国的天气节目，主播在讲述东亚的天气

▲ 荷兰的天气节目，主播在解读美国的暴风雪

不仅发达国家的天气预报中有区域甚至全球的天气预报，很多发展中国家的天气预报也越来越具有全球视野。

▲ 2009 年利比亚的天气节目，讲述北非以及整个非洲的天气情况

▲ 2012 年刚果民主共和国（刚果（金）） ▲ 2014 年古巴的天气节目 ▲ 2015 年立陶宛的天气节目
的天气节目

在全球气候变化的背景下，人们对于异常天气、气候事件的关注，超越了国界，也超越了"当下"。这使更多的天气节目"抬头看得更远"。

 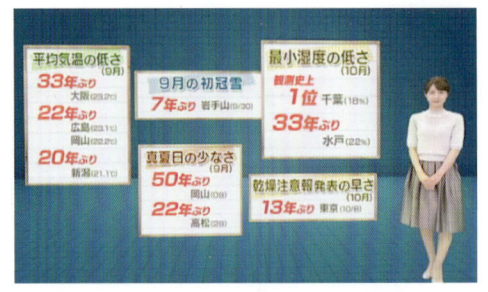

▲ 2014 年德国的天气节目，关注全球 ▲ 2014 年日本的天气节目，聚焦各类
的气温异常 天气要素破纪录的状况

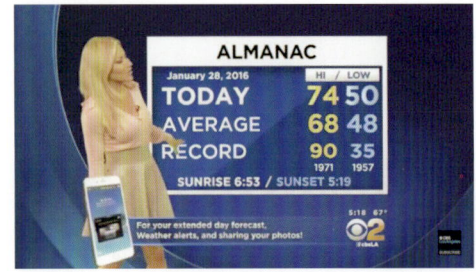 

▲ 2014 年美国的天气节目，关注极端性天气与历史极值之间的对比

3.4　天气预报不止预报天气

通常人们所理解的天气节目就是预报天气的，很多观众的诉求也非常明确，有人说："甭废话，就告诉我明天刮不刮风、下不下雨、降不降温。"

最初的天气节目也确实如此，主播的话题完全聚焦在未来 24 小时内的天气状况。但是，2000 年以后，天气节目开始渐渐地呈现"泛天气节目"的特征。

如果说天气节目中常规天气要素的预报精度越来越细、预报时效越来越长是"低头看得更细，抬头看得更远"的话，那么，天气节目的另外一个变化就是"转头看得更多"。

首先，天气节目中的题材和思维已经不再局限于天气层面，还在拓展到气候以及气候变化的层面。

▲ 北方雨季的降水过于集中，短短三周的降水量占到全年降水量的四分之一，是致灾性降水的集中期，"平时雨水贵如油，雨水来了又发愁"。2017 年 7 月，CCTV 天气主播蓝一在天气节目中针对即将到来的北方雨季提前进行气候层面的提示

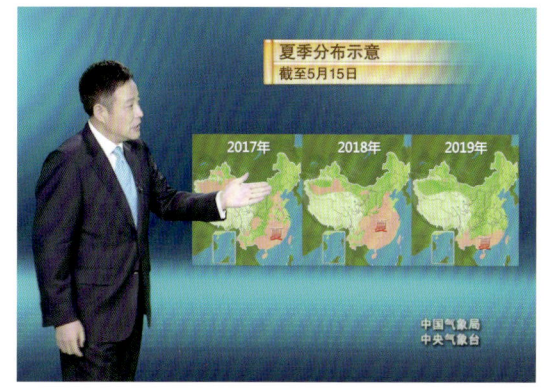

▲ 在气候变化背景下，"秋天迟到、春天早退"成为一种常态，春姑娘多住一段时间反倒让人们很不适应。2019 年立夏时节，人们感慨："感觉今年的春天特别长！"2019 年 5 月，我在天气节目中对比同时段 2017、2018 年与 2019 年季节版图的差异，剖析原因，回应公众的普遍性关切

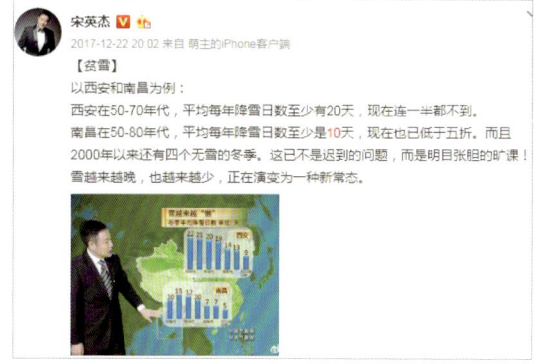

▲ 我在微博上对节目信息进行延伸解读

上面左图是讲述北京夏季时长的变化。相对寒冷的 20 世纪 70 年代，北京的夏季只有 80 天左右。而 2017 年已经达到 136 天了，还"未完待续"。

上面右图是对比降雪日数的变化。多数地区的降雪日数只有半个世纪前的 50% 以下。在很多地方，降雪正在逐渐成为一种"濒危"的天气现象。

 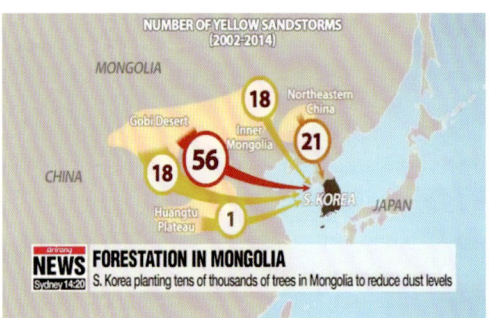

▲ 韩国的天气节目，左图为呈现气温异常，右图为统计沙尘的主要来源

2010 年之后，WMO 和 IPCC 希望天气主播们从气候的视角审视天气，从气候变化的高度评述天气，天气节目中自然地融入气候和气候变化的内容。

很多网友吐槽道，我这辈子活得可"真值"，才 20 多岁，整天见的都是"百年一遇"的事儿。

大家感觉，现在无论是气温还是降水，打破纪录像闹着玩儿似的，太"随随便便"了。从前百年不遇的事情，我们可以经常不期而遇。所以，天气节目中叙述天气要素的高与低、多与少、正常与异常，往往不是就事论事，而是将极端性天气事件纳入到气候变化的框架之中。

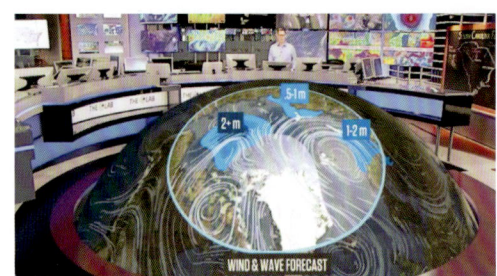 

▲ 2014 年，美国天气频道运用 VR 技术演示：2050 年，极地会变成什么样子？

▲ 2015 年 3 月的 CCTV《天气预报》，以花朵勾勒"入春前线"。在气候变化背景下，"又是一年春来早"渐渐成为一种常态

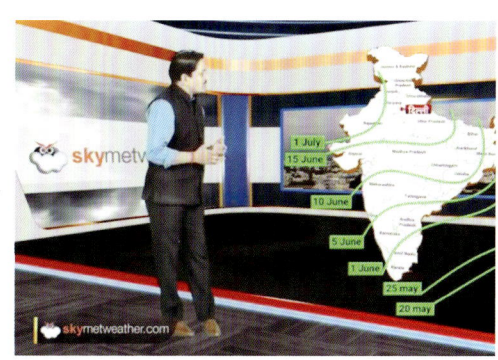

▲ 2019 年印度的天气节目，讲述印度各地季风爆发的气候平均时间

　　2014 年，WMO 发起了一个天气节目题材"2050 年的天气预报"。旨在通过电视节目的样态，视觉化地呈现在气候变化的趋势下，2050 年的天气会变成什么样子。

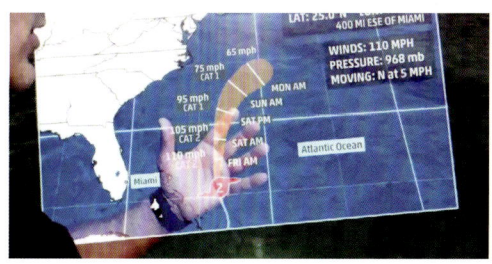

▲ 美国天气频道制作的"2050 年的天气预报"

◀▼ 日本 NHK 制作的 "2050 年的天气预报"

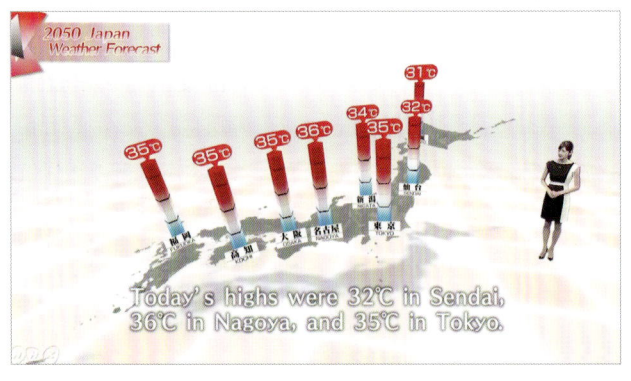

上面右图中的"真夏日""热带夜"均为日本特有的天气词汇。

真夏日，代表日最高气温高于 30 ℃，是开始有炎热感的气温阈值。

热带夜，代表最低气温高于 25 ℃，如同身处热带的夜晚。

东京的热带夜，气候平均值是每年 11 天，但 2011 年达到了 56 天，是常年的 5 倍！

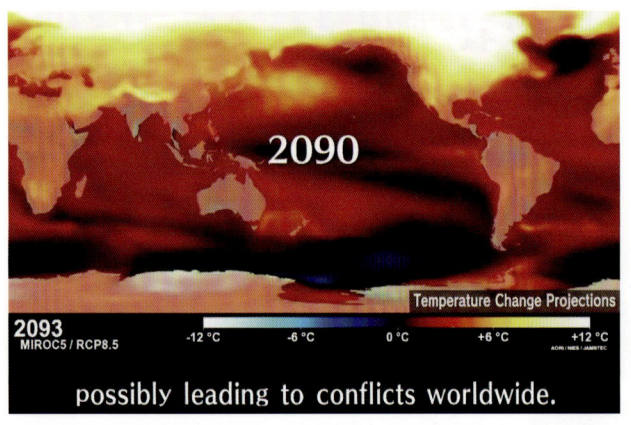

▲ 气候变化的表现形式，一方面是平均气温的增高，另一方面是极端天气气候事件频发

　　曾任 IPCC 第一工作组联合主席的 Thomas Stocker 教授在《气候变化的科学成果如何融入天气预报》一文中指出：天气主播是气候变化最恰当的传播者，而选取一个醒目的标题，描述一个关键数据；借助一个直观的图表，进行不超过一分钟的解读，是天气节目中（对于气候变化）最好的呈现方式。

▲ 韩国的天气节目关注的主题是云层遮蔽，难以看到海上日落的遗憾

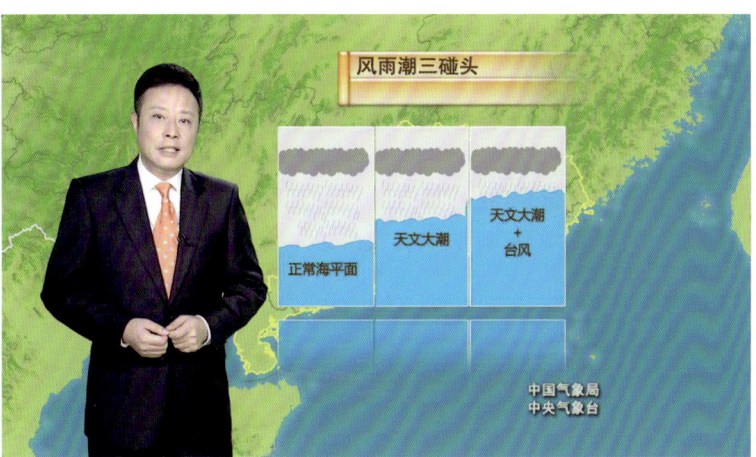

▲ 2017 年，我在天气节目中解读台风"天鸽"登陆过程中的风、雨、潮"三碰头"，气象因素与天文因素的叠加

▲ 2018 年，中国台湾三立新闻台的天气新闻选题是：天气炎热，易出汗，易脱妆，易泛油光

"泛天气节目"的兴起，其第二个特征是由天气信息延展到天气相邻（weather adjacent）信息。美国天气频道曾用过这样的说法：其他的信息已潜入天气频道（Other stuff crept into Weather Channel）。

所谓的天气相邻信息，包括与天气相关的各种外延性信息。天气信息服务需要包容与天气相关的学科，并结合受众行为的大数据，提供无盲区的服务。所以，未来的天气学科的研究发展方向是"边界模糊，外延广阔"。从纯天气信息传播，逐渐加深与其他相关领域的融合与延伸，所提供的服务也不再是狭义上的天气服务。它具备更加视野开阔的研究，注重各个学科的边缘融合与交叉，从而创作出更加丰富的衍生产品。

很多天气话题，看似很"小众"，但却是特定人群关注天气信息的首要理由。天气信息外延的扩大，意味着人们的需求越来越"分众化"。即使预报降雨，也不再局限于雨量，人们还希望划分是晨雨还是夜雨，是绵雨还是骤雨，是清雨还是泥雨。

20 世纪 90 年代，我们看到欧洲的一些节目，冬季重点关注某些滑雪胜地的积雪类型（是膏状的雪还是屑状的雪），当时觉得这样的信息类别并非正统范畴的天气信息。日本的"樱花预报"，这种物候属性的预报，往往是仲春时节当地天气节目的主打内容。当时我们也觉得偏离了天气节目中的预报主项。

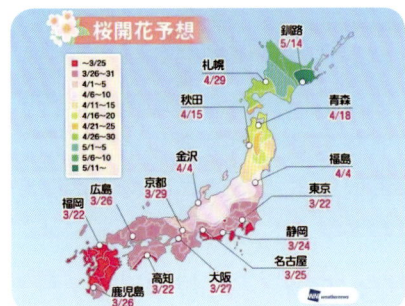

▶ 日本春季的"樱花预报"和
秋季的"红叶预报"

▶ 2014 年 3 月韩国首尔广播公
司（SBS）的天气节目，主要
内容是花期预报

　　现在，桃花、杏花、樱花、油菜花等花期预报已经越来越受到青
睐，花期预报开始成为春季天气节目中"最美"的增值服务。

　　当然，人们也关注花粉，因为对于过敏人群而言，这是春季最大
的烦恼，包括杨花、柳絮、梧桐絮，都已成为特定时段内天气节目重
点关注的题材。

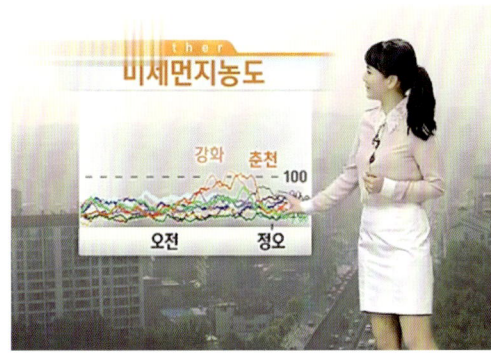 

▲ 2014 年韩国的天气节目，关注空气质量、物候特征

▲ 2014 年日本的天气节目，划分花粉浓度的分级预报和预警，以及花粉过敏的防范对策

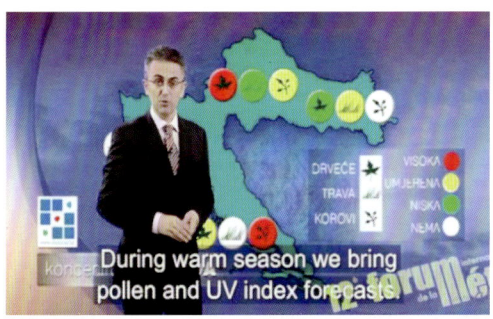 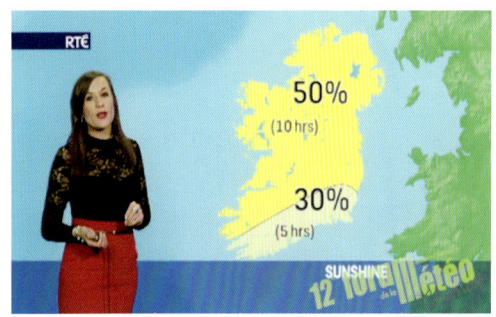

▲ 2015 年克罗地亚的天气节目，关注花粉指数、　　▲ 2015 年爱尔兰的天气节目，关注日照
紫外线指数

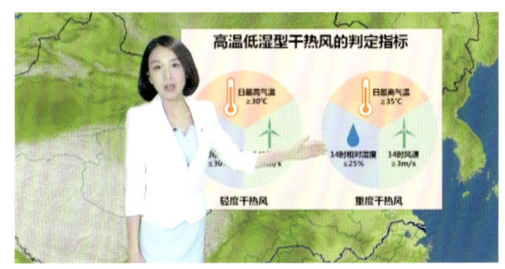 

▲ 2015（左图）年和 2016 年（右图），天气主播孙凡迪在天气节目中分别讲解作物遭遇的干热风以及网球赛事的天气条件

▲ 2018 年泰国的天气节目，关注在闷热的雨季如何安全养鸡

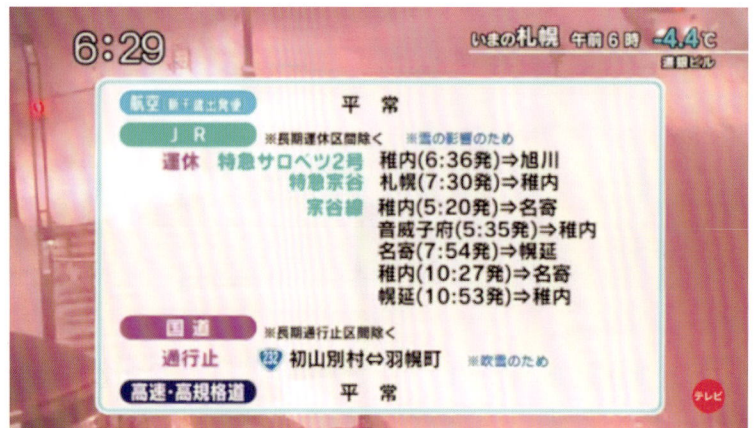

◀ 2018 年日本的天气节目，关注交通并进行有关提示

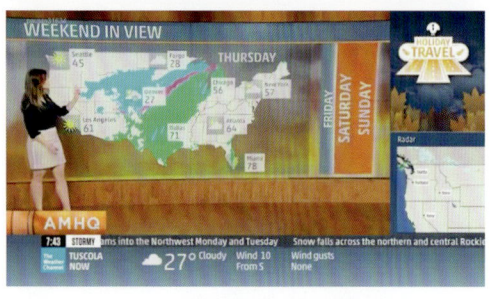

▲ 2018 年美国天气频道的天气节目，关注周末出行或节日旅游

现在很多天气节目有了提示穿秋裤的"秋裤预警"，有了关于下雪天刹车距离延长多少米的分析，有了对雾 / 霾天气时行车如何使用雾灯的讲解，有了在天干物燥时节关于防范火灾的提示，有了对特定季节哪些植物虫害容易发生的判断，甚至细致到干热暴晒时应该涂 SPF（日光防护系数）值是多少的防晒霜……天气节目的内容，开始渗透到人们生活中的各种细节之中。

▲ 安徽卫视的天气节目，主播讲述雨天的刹车技巧

▲ 美国天气频道的 AR 现场科普演示：在满是落叶的湿滑路面如何安全驾驶？

在一些国家和地区，气象机构的职责包含了气象、水文、地质、海洋等监测与预报业务，所以天气节目也往往涵盖相应的题材。

▲ 21 世纪 10 年代韩国天气预报中的常规预报项目：海风和海浪

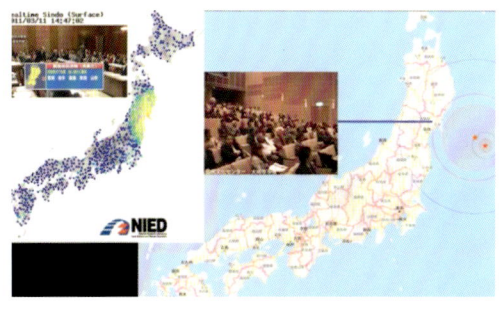

▲ 2011 年日本"3·11"大地震发生之际的日本天气节目直播

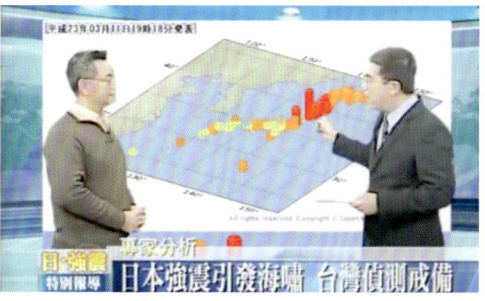

▲ 2011 年日本"3·11"大地震当日，中国台湾天气主播彭启明与海啸专家共同解读强震的后续影响

关于天气节目话题演化的第三个特征，是天气内容与新闻的贯通。

天气主播在自己的节目中主动聚焦新闻事件中的天气，或者新闻主播与天气主播对话或连线解读新闻事件的天气背景。

▲ 2014 年 12 月 28 日亚航 QZ8501 航班失联后，CCTV-4《天气预报》直播连线分析失联海域天气情况

上图话题围绕两个线索展开，一是航班失联与天气有没有关系，二是随后的天气对搜寻工作有无妨碍。

新闻主播徐俐："泰源你好，给我们介绍一下亚航失联所在的区域，失联的时候天气状况怎么样？"

天气主播张泰源："应当说失联飞机当时航线所在的区域天气相当恶劣，因为航线正好是穿越了热带辐合带，地球上对流天气最活跃的一片区域。我们来看一下今天早上 6 点 55 分的红外云图，距离失联时间非常近，可以看到在飞机失联的地点爪哇海一带，这里也正处于一片十分活跃的对流云系包裹之中。云图上已经显示出红色，意味着云层很厚，对流高度很高。根据消息，这架飞机曾经向塔台申请其抬升高度，从 32000 英尺[①]抬高到 38000 英尺，换算一下就是要求从 10 千米以内飞到 10 千米以上，说明机长已经发现了天气方面的不利，但我们根据监测，当时的对流云高度至少在 10 千米，即便飞机已经抬高了高度，也还是处在危险的对流层内，因为在赤道附近，对流层很高，最高可达 18 千米。正常飞机飞行是在对流层以上，平流层以内的，所以至少可以肯定的是：飞机遇到了剧烈的颠簸。飞机失联和天气因素的具体关联我们还不能确定，但至少天气因素是不能排除的。"

徐俐："好的，泰源，另外一个问题就是现在相关部门已经启动了搜救行动，未来几天当地的天气状态怎么样，对搜救工作会有怎样的影响？"

张泰源："未来几天，在印度尼西亚这一带，依然多对流天气。当然，从气候上看，常年这时候这一带对流天气就很频繁。以泗水为例，12 月降雨日数是一年中最多的，降雨量也位居全年前四。而未来 3 天，泗水依然多阵性降雨，这种阵性降雨的特点就是不分时间、不定强弱，雷暴的发生概率也很大。而就失联海域的海温来说，目前这一带的海温非常高，基本在 29 ℃以上。这个温度对于搜救工作来说还算是比较有利的因素。"

---

① 1 英尺 = 0.3048 米。下同。

当然，天气节目在追踪热点事件时，也有存在争议的个例。

◀2015 年 10 月，俄罗斯天气主播 Ekaterina Grigorova 在报道天气时语出惊人，评述近期叙利亚的天气"最适合俄罗斯发动空袭"。她在列举了气候数据之后，说道："就气候而言，10 月是在叙利亚飞行的完美时段。而之后，可能会出现影响空袭的沙尘暴。"

在很多国家，天气预报版块是包含在新闻栏目之中的。栏目中，既有天气新闻，又有天气预报，实现天气新闻与天气预报话题的有机关联，既可以凸显新闻栏目的整体感，又能够体现天气信息的针对性。

以韩国两档完整的新闻栏目为例。

韩国 KBS 在 2014 年 8 月 7 日的《60 分钟新闻》栏目中，设置了与天气具有广义关联的话题。

首先是在不同天气条件下对"超级月亮"的观测。

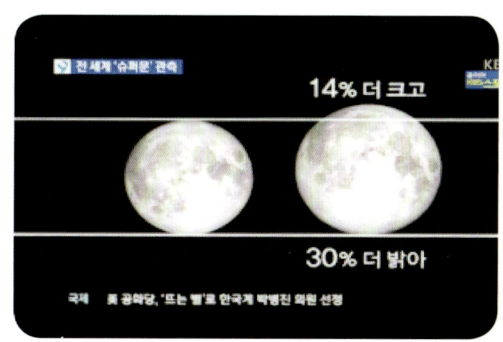

然后是关于炎热天气的播报和采访。

　　接着，是专业人士对天气形势的示意式解读：一个最醒目的变化，就是台风"夏浪"渐行渐远，冷空气与副热带高压边缘的暖湿气流在韩国交锋。

　　对应的天气变化和反差，就是由"桑拿天"到暴雨天的转折。

　　最后，由天气预报版块，具体讲述天气的转折性变化。

2013 年 8 月 8 日韩国 SBS 的 60 分钟新闻栏目，首先是对高温热浪的实况报道。

然后是对地面以及物体表面温度的现场实测。

接下来是展现公众的消暑方式，以及对气象专家进行采访。

随后阐释高温天气的成因，对比往年与当年同期副热带高压的状态，凸显当年副热带高压的异常强大。

还对高温天气的社会影响进行了延伸报道。关注天气中的人、人的感受和遭遇，使报道渗透着人文关怀，使报道成为"有温度"的报道。

最后是天气预报版块，讲述天气实况和天气的未来走势。

3.5　知其然，亦知其所以然

对天气形势场的呈现和分析，几乎是一项源于传统的"规定工作"。

其实，在天气节目创立之初，气象专家就常常向观众介绍预报结果背后的原理以及预报的推演过程。节目中的第一部分往往是通过天气形势图，介绍低压槽在哪里，引导气流的走向如何，锋面怎样推移。直到 21 世纪 10 年代，中央气象台的天气公报还通常以这样的句式开始："受高空槽和低空切变线的共同影响……"虽然人们一直搞不懂什么是槽，什么是切变线。

▲ 2014 年韩国的天气节目

▲ 2019 年印度的天气节目

其实，在很多国家都是如此，所以才会有这样的节目——《如何理解天气预报节目中的天气图？》。天气主播通过天气图讲解什么是冷锋和暖锋，冷暖气团相遇之后所形成的辐合与抬升，以及锋面附近通常对应的是什么样的天气（冷锋附近是雷暴，暖锋附近是阵雨）。

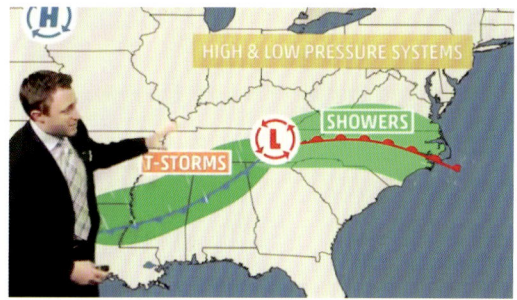

▲ 美国的天气科普节目《如何理解天气预报节目中的天气图？》

显然，天气节目的"科普基因"始终存在，只是科普得不够系统化，缺乏顶层设计。而且，还有些认识上的误区，以为专门的科普段落才是科普。其实，能够摒弃刻板、生涩的表达方式，使天气节目的表述通俗、清晰，不会造成认知上的"消化不良"，让观众看得清、听得懂、记得住、用得着，或许是天气节目最重要的科普。

▲ 20 世纪 90 年代加拿大的天气节目（左图），21 世纪 10 年代巴西的天气节目（右图），天气主播在讲述地形对天气的影响

▲ 21 世纪 10 年代美国天气频道的科普节目《雪到哪里去了？》

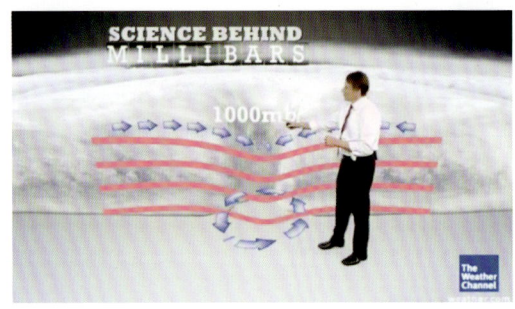
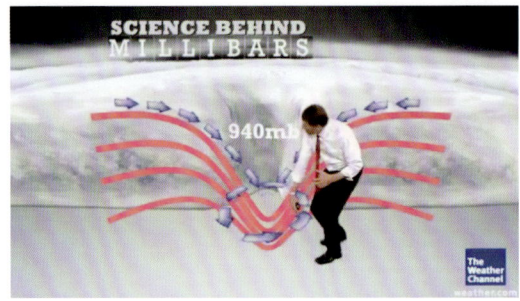

▲ 2012 年美国天气频道的科普节目，解读飓风的生成机理

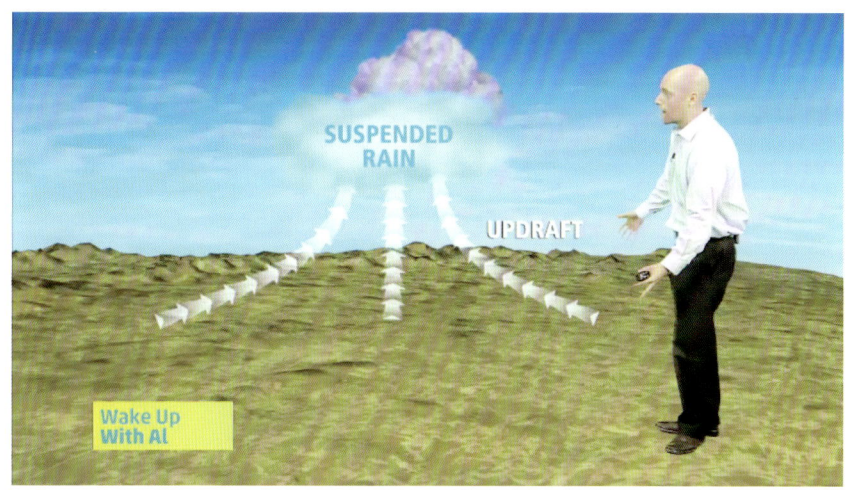

▲ 2013 年美国天气频道的科普节目，讲述沙尘暴的生成机理

21 世纪 00 年代，随着电视业的发展，天气节目的数量快速增加，有充足的节目资源进行天气范畴的科普。而人们对于天气信息的需求，也已经不止于第二天的天气如何。所以，二者"一拍即合"，天气节目中科普的比重显著提升。与此同时，技术的进步为科普内容可视化水平的提高提供了助力。很多观众或网友不禁感叹：现在的很多气象科普拍得"像大片儿似的"。基于虚拟技术的科普演示和讲解，使天气节目有了天气实验室的感官效果。

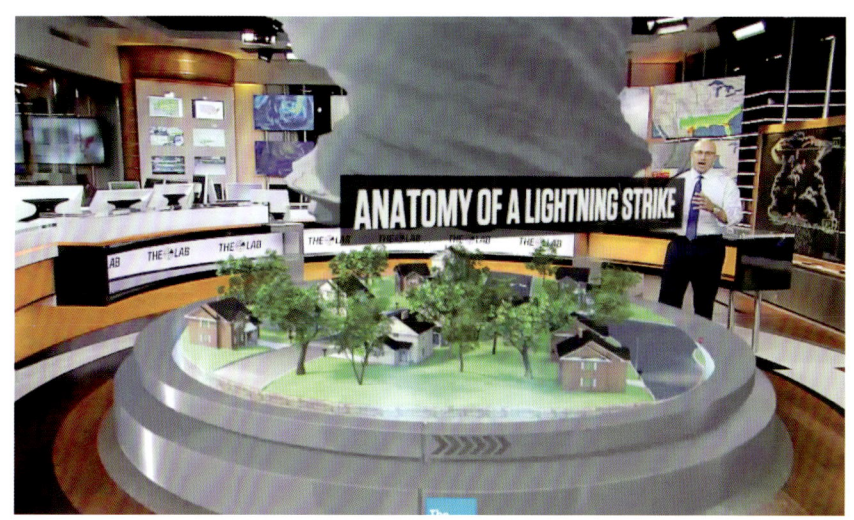

▲ 2015 年美国天气频道的科普节目，对雷电进行虚拟演示

现在天气节目中的科普，从节目资源的配置上看，分为两种。

一种是在常规天气节目中，根据当时的天气状况，顺势而为进行科普。

所谓顺势而为，就是在恰当的时间点选择恰当的科普话题，贴近突发事件、热点新闻以及公众的普遍关切。

▲ 在北方霾盛行之时，CCTV《天气预报》天气主播杨丹在节目中形容逆温层就如同一个严严实实的大锅盖，使污染物垂直扩散无门，水平扩散无路

▲ 中国天气网首席分析师胡啸在天气节目中解读雾和霾的成分

▲ 2015年美国的天气节目，直接借助实景，讲解云的演变过程

▲ 2017年美国的天气节目，借助图形，讲解高空急流

▲ 2017年美国的天气节目，进行科普演示：什么是风暴潮？这是预警之后顺势而为的科普

　　也有的是在"重量级"新闻较少时，适当延长天气版块的时长，根据观众或网友提出的热门问题，进行集中式解答。

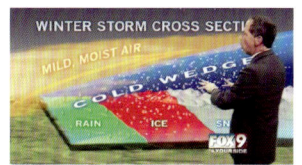

　　另一种科普是专门设置的气象科普节目。这一类节目使气象科普变得更专业、更系统，而且充足的节目时长也使相应的选题内容更丰满、更透彻。

　　例如美国天气频道的一档天气科普节目《天气魔术师》。

　　节目中，天气主播是这样分析雷暴成因的："我们看不到空气，但是我们能看到水，它们都是液体，原理是一样的。这里有一盆凉水，假设这就是我们的大气。红色的是热水，这代表着被太阳加热的空气。我们把它放在大气的底部，然后看看会发生什么。它并不形成混合，而是很快地往上'蹿'，这便是上升气流所形成的云。而当它到达大气的顶部后，无法继续抬升，这就是云顶。但太阳依然在加热空气，近地面的上升运动在继续，能量不断蓄积，于是就有了危险的雷暴。"

我们再看一个美国天气频道关于"雷打雪"的科普片段。

"雷电在夏季很常见，虽然在冬季就很少了。在中国文化中，'冬雷震震'甚至被描述为不可能的事情。但气候变化背景下，它的发生概率在增高，尤其在雪暴时段。夏季经常出现高耸的积云，很容易就穿过了气温这道门槛。在差不多 −10 ℃时，几种不同的降水相态都可能出现的时候，电荷分离，这样就有可能产生雷电了。但在冬季，很难形成这么大的一个'柱'，我们看到的云，往往像一个平板，可以很安分地稳定很长时间，对流没那么旺盛。那么不稳定因素，也就是产生雷暴的可能性是从哪儿来的呢？其实都是因为这些'小口袋'——云上的'小泡泡'。如果足够幸运，到达了 −10 ℃的范围，也就有了多种降水相态，电荷就分离了，这就是雷暴产生的起源。"

我们再看看英国气象局制作的科普节目。

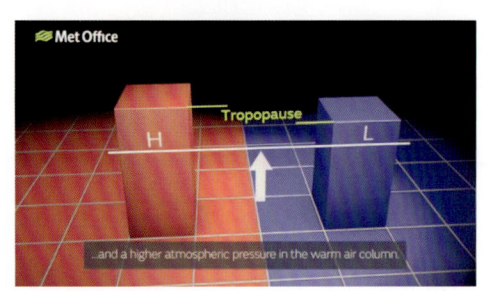

▲ 急流是如何影响天气的？

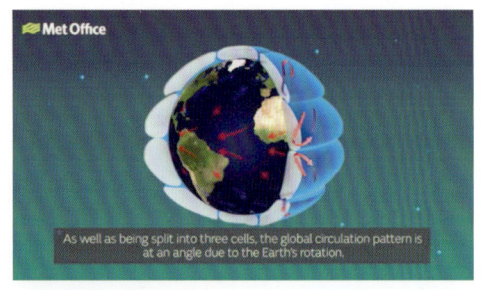
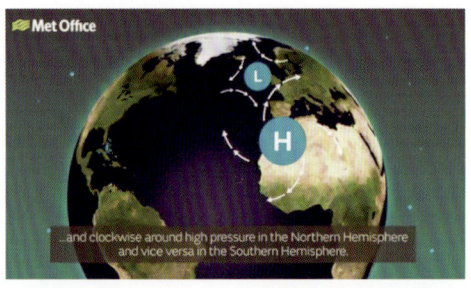

▲ 什么是大气环流？

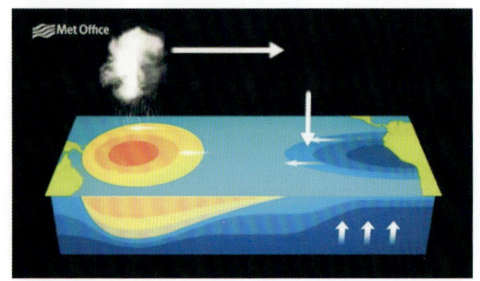
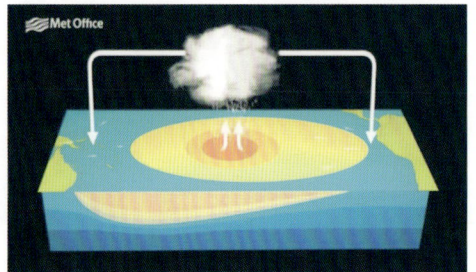

▲ 什么是厄尔尼诺？

 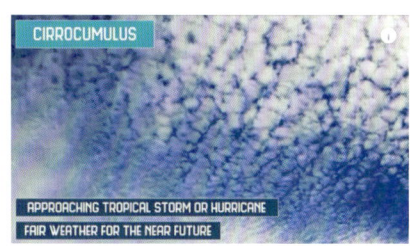 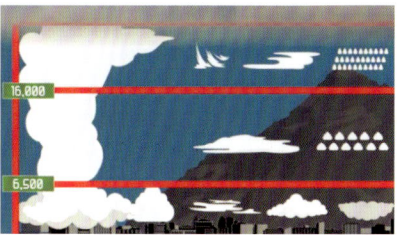

▲ 如何看云识天气？

▲ 2013 年英国的天气节目，我们开玩笑地说，主播是以"上帝的视角"在讲解大气层

 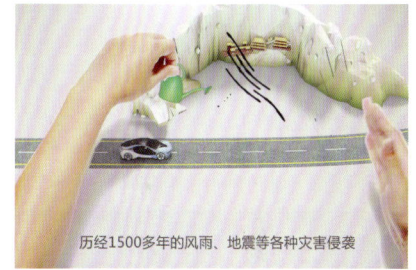

▲ 2017 年山西的气象科普节目，围绕五台山实现天气话题的延展

　　而从气象科普的内容上划分，一种是天气原理类科普，一种是应对策略类科普。

　　从前是以天气原理类科普为主，但现在，应对策略类科普变得更多。毕竟观众更希望通过科普，看到如何规避风险的"秘籍"。

　　下面列举一些天气原理类气象科普节目。

▲ 美国天气频道主播 Jim Cantore 以 VR 技术演示大气层结，讲解为什么会有龙卷风通道

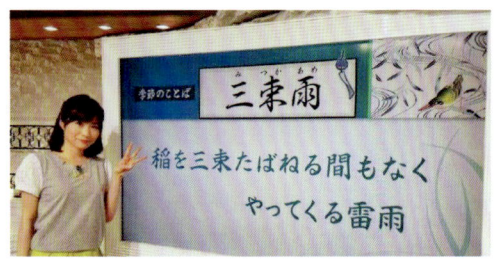

▲ 2015 年日本的天气节目，讲述收稻时节突如其来的"三束雨"（指雨束很密，像三捆稻子一样从天而降的雨）

▲ 2016 年旅游卫视的天气节目，天气主播孙凡迪讲解高山之巅的旗云是如何生成的

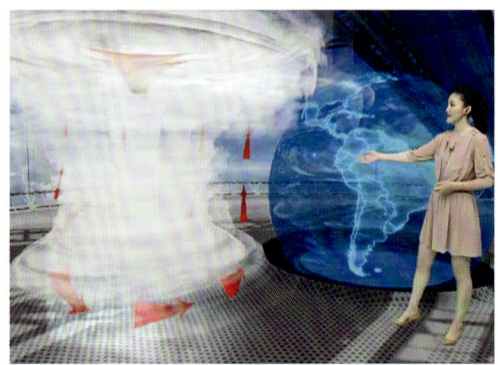

▲ 2017 年凤凰卫视的《凤凰气象站》，天气主播杨洁讲解台风的构造

▲ 2017 年凤凰卫视的《凤凰气象站》，天气主播杨洁讲解华南的骑楼和江南的檐廊的作用（左图）；讲解盛夏时节远远高于气温的路面温度对驾车的影响（右图）

▲ 2017 年越南的天气节目，讲解厄尔尼诺出现所导致的极端干旱

以下为应对策略类气象科普节目。

▲ 美国天气频道主播 Mike Bettes 以 AR 技术演示如何安全度夏

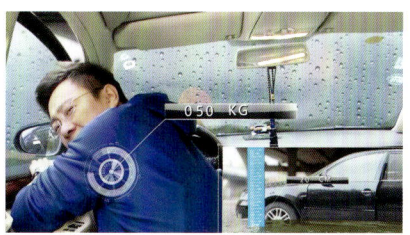

▲ CCTV 天气主播张泰源在天气节目中演示桥下积水对汽车造成的影响，如：水涨到汽车的什么位置就很难再从里面推开，危及人的生命

▲ 2016 年墨西哥的天气节目，天气主播以卡通形象出镜，讲述在天干物燥的季节如何防范火灾

▲ 2015 年越南的天气节目，天气主播演示雨季室内的各种发霉现象

▲ 2017 年安徽卫视的天气节目，天气主播宗猛讲解梅雨时节岩体风化严重地区发生泥石流的风险

在欧美一些国家，天气频道或网站中有专门的科普节目和专职的科普主播，利用虚拟技术实现"大片儿"式的科普。

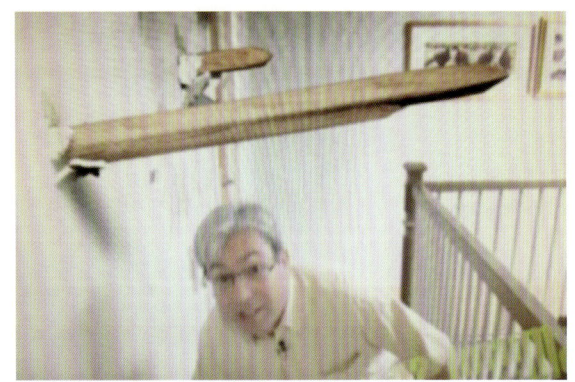

▲ 以上是加拿大 Meteo Media 网站的天气主播 Patrick 的科普节目截图

Patrick 是表演专业出身，司职气象科普主播之后，一直尝试着以生动幽默的"演天气"的方式进行气象科普。

他曾经这样追溯自己的心路历程：开始的时候，他觉得是自己一个人在静态环境中孤独地表演，因为震撼的虚拟效果是事后合成的。但当他把这种科普节目做成一种常态之后，看自己表演的观众越来越多，就会觉得，以科普的方式揭示自然世界，揭示天气所蕴藏的风险，是一件无比美妙的事情。

天气节目或者天气主播还可以通过与其他传媒机构的合作，进行气象科普。

▲ 2010 年，我参加了湖南卫视《天天向上》节目，主持人随机抽取来自网友的关于气象的各种问题，我进行现场作答

▲ 2012 年，我参加深圳卫视的户外科普节目，现场讲述中国气候。由 T 恤衫上的汗渍便可知，初夏的湿热，已是"我的灾害性天气"

◀ 2017 年，在深圳卫视《中国文化季》节目中，我穿上各朝代的服饰，表演天气占卜，并讲述二十四节气知识

当然，科普不分屏幕内外，不分"线上""线下"。"面对面"的气象科普，是天气节目的延伸，是天气节目"离播"状态下的另一种播出方式。

▲ 2009 年，我在湖北的校园（左图）、广西的壮乡（右图）向公众进行"面对面"的气象科普

我们在进行气象科普的过程中，深深地感到科普应该是更广义的，它不见得是传统意义上的天气概念和原理。所谓科普，具有外展服务（outreach）的属性。"Out"，指首先信息要能够传播出去；"Reach"，指最终信息要能够传播到位。所以，促进气象信息传播的探索也是科普，例如深秋时节叮嘱人们赶紧御寒的一句朗朗上口的提醒"有雨雪、有风霜，赶紧备冬装"，容易形成记忆，于是容易化为响应。例如，初冬时节网上的一句互动"初雪如同初恋"，后来成为网络流行语，它使人们对初雪预报的准确性建立相对正确的预期。

受众不喜欢灌输式的科普，而专业人士在科普时的心理状态常常是：这事你不知道吧？你不懂吧？好！我来告诉你一下这个知识！

所以，我们提倡"隐形科普"，平等地、聊天地、诙谐地、欢乐地传播知识，让科普在不知不觉中进行，而且也不能奢望受众能够和我们一起学习天气专业的课程，不要奢望某个问题解答过一次便不再有关于这个问题的误解。

此外，任何一种传播方式和传播媒介都有一定兴奋期。现在公众的兴奋期明显变短，永远要设想和构思创新的科普方式。

当然，气象范畴的科普，需要把握一个分寸，就是科普不能让受众看起来好像是为不准确的预报寻找借口。

进入21世纪10年代后，WMO和IPCC致力于探讨气候变化的公众传播，并力图使天气主播成为气候变化研究成果的传播者，使社会各界对减缓和适应气候变化形成共识、形成合力，这已成为天气节目和天气主播的一项新任务。它也要求天气传播者在知识结构和传播方式方面要进行"充电"和探索。

通过一些天气事件预报、预警效果的反馈，气象专业人士深感气象科普的重要性。我们实时追踪过国内外的一些案例，某些预报、预警的失误，事前不过度渲染，事后能客观评价的，大多是科学素养较高的受众。他们了解预报的逻辑以及预报的不确定性，当预报事前被误读时，当预报事后被挞伐时，他们能理性地发声。因为是相对超脱的"第三方"，所以在舆情演化的过程中，他们的见解往往比专家更具有说服力。

其实，任何一个学科都如此。通过科普，人们的理解越多，误解便越少。如果你是"行者"，有效的科普会使你拥有众多的"随行者"。科普，可以使一个学科变得更亲和，更温暖。

言说天气，接通地气，聚合人气。

3.6　节目中的熟人社交

▲ 2016 年比利时的天气节目，天气主播 Jill Peeters 与新闻主播在互动

▲ 2017 年比利时的天气节目，节目之余，天气主播 Jill Peeters 与新闻主播在聊天

　　20 世纪 90 年代，电视节目中天气主播与新闻主播互动，还只是欧美部分国家的节目形态。

　　在新闻节目中，新闻主播与天气主播互动，承上启下地衔接新闻与天气的话题。在制作技术能够保障的前提下，天气节目体现着天气与新闻的贯通。相关新闻成为天气话题的"起兴"，天气版块成为相关新闻的专业解读。

▲ 20 世纪 90 年代美国的天气节目

▲ 20 世纪 90 年代以色列的天气节目

▲ 20 世纪 90 年代德国的天气节目

▲ 2008 年德国的天气节目

▲ 20世纪90年代瑞典的天气节目

▲ 20世纪90年代西班牙的天气节目

▲ 2009年英国BBC的天气节目

我记得 20 世纪 90 年代加拿大天气主播 Frank 与新闻主播的一段对话。

新闻主播："听说过两天就要降温了？"

Frank 在直播中突然开了一个小玩笑，说："你听谁说的？"

新闻主播没有预料到这个突然的发问，愣住了一秒钟，然后答道："嗯……好像就是听你说的！"

Frank 接过话茬儿，说："我喜欢你这样回答，确实是我说的。"然后他才开始讲述关于降温的具体预报内容。

　　虽然与独立的天气预报节目相比，这样的节目看起来似乎比较"浪费时间"，天气内容似乎被"稀释"了，但在互动中适当地插话或调侃，会使谈话更有趣味，更有即兴感，对话氛围更轻松和真实，也更容易调动观众的注意力。

　　进入 21 世纪 10 年代后，新闻主播与天气主播互动的方式已经成为众多国家电视天气节目的一种常态。

▲ 2012 年泰国的天气节目，新闻主播请天气主播重点介绍宋干节期间的天气情况

▲ 2013 年罗马尼亚的天气节目

▲ 2013 年希腊的天气节目。希腊的节目最为别致，是天气主播与众人之间的互动

◀ 2014 年意大利的天气节目

▲ 2017 年韩国的天气节目

天气情况不再是由一个人讲出来的，而是由几个人聊出来的。于是，播报天气的"单口相声"变成了"对口相声"甚至"群口相声"。

▲ 2019 年巴基斯坦的天气节目

◀ 2015 年巴西的天气节目

▲ 2015 年蒙古的天气节目

▲ 2015 年越南的天气节目

但在主播间互动刚刚兴起的一些国家，互动回合不多，话题切换生硬，提问过于笼统，追问甚少，讲解欠缺互动的对象感，天气图形的多功能支撑能力也尚显不足。例如，新闻主播往往是以开放式的问题发问："未来几天的天气如何？"而当天气主播开始回应并进行话题展开的时段，往往变成了新闻主播的"中场休息"时间。

我认为，主播间的互动需要营造一个融洽的"熟人社交"的谈话场。而天气信息的"抽丝剥茧"，应当在主播间提问、回答、追问、补充、质疑、阐释的"多轮次互动"中完成。

主播间的互动，其逻辑在于，天气信息传播变成了"问题化"传播，即天气信息被分解为一个个问题，在问与答的一轮一轮互动中逐步分解、递进。这与一位专业人士自说自话，冗长的篇幅、拖沓的节奏相比，天气信息的传播，由新闻主播（或记者）提问，天气主播（或天气专家）回答，具有传播上的显著优势，预计将成为天气信息传播的一种"新常态"。它的优势在于，主题明确，脉络清晰，逻辑严谨，节奏紧凑。

新闻主播（或记者）的提问，实际上代表着公众对于特定天气问题的疑惑和诉求。选择合适的切入点，契合社会热点和公众热议，容易抓住受众的注意力。

针对天气主播（或天气专家）的回答，继续追问，是基于受众的理解力和关切，对话题进行延展。同时，多轮次的互动，也能够激发天气主播（或天气专家）进入对话语境，通俗而平实地进行阐述，实现由"术语"到"大白话"的转型。

近些年，有一些天气预报信息虽然是通过新闻主播与天气主播互动问答的方式进行传播的，但由于诸多限定，问答往往是事先沟通妥当的。提前商量好，直播时呈现，缺乏话题的延展、追问、质疑与即兴，仿佛把真的直播弄成了提前录制的回放。对于观众而言，缺乏那种即兴交谈所带来的刺激和满足。

在很多情况下，信息议题的设置和推动，并非由传统的服务机构完成的。这就要求信息服务机构调整定位，不仅重视自我策划的原发式传播，也要重视顺势而为的继发式传播。以往的传播大多是依托固有信息平台的"阵地战"式的传播，而现代的传播还要随时捕捉传播契机，增多互动式的传播。

　　所以，我们需要更加重视关系链传播背景下的传播规律研究，提倡"一事一问，一答一图"的吻合现代阅读节奏的"短平快"式的传播。即使在传统媒介中，也要重视信息的"问题化"传播，信息被分解为一个个问题。将以往的平铺直叙的发布逐步演变为多轮次、多形态的问答。

　　主播间的互动，这种"熟人社交"，往往是节目的重要看点。诙谐机智的应对，是节目的"增值"方式，尤其是在当前自媒体日益发达、人们笑点和预期值显著提高的背景下。

　　在美国的电视天气节目中，主播间在互动时谈论天气话题，是常态化的传播方式。天气主播往往要应对两三个新闻主播的轮番提问，天气话题环环相扣。

　　它对新闻主播的要求：能够为受众代言，把握切入点，将天气信息需求转化为一个个具体问题，驾驭脉络。

　　它对天气主播的要求：能够针对提问来表述天气，而不是固守原有的播报思维。既要善于进行提要，也要善于聚焦特定问题进行细化解读。

▲ 2014 年日本的天气节目

▲ 2017 年美国的天气节目

▲ 天气主播与新闻主播之间的关系，甚至可能成为很多"八卦"新闻中的重要谈资

▲ 欧美国家的本地新闻节目中，新闻主播与天气主播之间互动的切入点往往是细节，以聊天的方式展开话题

下面列举新闻主播与天气主播之间的几段对话。（这几段对话中的温度均为华氏度数[①]）

新闻主播："现在气温只有1度，是吧？全国哪个区域的人要为未来几天的寒冷天气感到担忧呢？"

天气主播具体罗列天气特别寒冷的区域。

新闻主播："会冷到打破纪录吗？"

天气主播历数气温可能破纪录的地点。

新闻主播："你是否看到本地居民用木板封住房屋抵御风浪呢？"

天气主播："并没有！原本我们以为会有居民撤离或者用木板封住门窗，但大多数人都轻松地和我们说这应该是个还不错的周末。"（飓风离这里比较远并且擦边而过）

新闻主播："今天大家都很期待天气预报，期望天气能够凉爽一些，最好下点雨。"

天气主播："我想这两者可能都会有，但还是会有些不太确定。"

新闻主播："很奇怪啊，进入夏天后，到现在为止还没有热浪来袭。"

天气主播："可不是吗？从7月到现在，我们只有3天气温达到90度。"

新闻主播："感觉这真是最漫长的冬天了。"

天气主播："似乎真是这样，所以大家都在盼望——冬天什么时候会结束啊？"

新闻主播："天气怎么老是这么忽热忽冷的？"

天气主播："这是因为冬天来临之前暖气团的'不甘寂寞'。"

互动交谈，往往很"家常"，从感受和感慨出发，起到"破冰"、暖场的作用。

---

① 在标准大气压下，水的冰点为32度，水的沸点为212度，中间分为180等分，每等分代表1度，即华氏度，用℉表示，在温标上的华氏度数（℉）与摄氏度数（℃）之间的算换关系为：℉ = 32 + ℃×1.8 或 ℃ =（℉ −32）÷1.8。下同。

▲ 新闻主播与天气主播间的聊天方式互动

　　而预测、分析全国天气甚至洲际天气的节目，由于定位的原因，话题往往过于宽泛，问与答常常是笼统的，互动容易缺乏"家常感"。有些天气发生于离主播们很遥远的地方，很难产生真切的感触，因而互动的过程难度更大，无论是高屋建瓴的概括，还是细致入微的描述，都需要主播们提前了解各地的天气走势和气候背景，否则很难设身处地，也很难引发受众的共鸣。

　　在美国的电视天气节目中，主播间在互动时谈论天气话题，是常态化的传播方式。具备人格和性情魅力的天气主播和分析师们能让专业的天气信息包裹上温暖的"人性"。天气服务毕竟是由人传递给人的，他们不仅是信息载体，更是人格和性情的载体，温馨的导引胜过枯燥晦涩的文字和数据。

▲ 对话承接海豚表演的新闻，天气主播看似不经意地就把话题引向了天气

　　我们看一段美国全国广播公司（NBC）天气主播 Cheryl Scott 与新闻主播的对话。

新闻主播："来休息一下，其他的海豚正在附近观看表演，是吗？"

天气主播："好可爱啊，特别整齐。"

新闻主播："它们都没有在游泳。"

天气主播："我知道你们的假期一定是非常热闹的。"

新闻主播："是的，那必须得好好庆祝啊。"

天气主播："不巧的是，今天有点冷。"

天气主播（走到天气图屏幕前）："不过明天气温会回升几度，阳光也会不错。首先我们来看一下这个雷达图，虽然没有一个完整的动态监测，但是我们还是可以看到大湖效应所制造的降雪正在向我们东部移动。"

即使是天气主播的大段讲述，也会依照相关的新闻题材和社会关切进行主题鲜明的讲述。

我们以 2014 年美国 NBC 的《今日（Today）》节目为例，天气主播是 Durant。虽然天气主播的讲述很长，新闻主播也并未插话，但她的讲述层次清晰，是围绕着风暴严重影响周末假日这个主题，揭示天气影响的不同侧面。

新闻主播："下面来看《今日》头条。强劲的风暴仍在威胁全国的大片地区，这也使得余下的假日周末蒙上一层灰色。Durant 现在带来详细内容。"

天气主播："夏季最后这个非正式的周末，几个强风暴从东北部回到中西部。洪水是一个大问题，特别是在新泽西州的大路上。雨下得太大了，降雨达到每小时 2 英寸，所以当雨下得这么快的时候，积水无处可去，使得很多人猝不及防。这一轮降雨大概是在昨天四五点钟开始的，从新泽西到纽约，最终延伸到长岛。道路积水也很严重。现在，风暴回到中西部，冰雹和破坏性阵风成了大问题。看看这些乌云。在爱荷华、堪萨斯以及内布拉斯加州的一些地区可以看到网球一般大的冰雹，阵风达到每小时 60~80 英里[1]。

---

[1]　1 英里 ≈ 1.609 千米，下同。

天气主播："说到网球，美国公开赛无法按时开赛，因为赛场无法承载这样的雨量，人群不得不退场。工作人员正在努力擦除赛场的积水，但短时间内根本不可能清除如此大量的降雨积水。今天晚些时候比赛会继续，但仍然有几个风暴会带来影响，特别是在密苏里州附近。看看密苏里的大暴雨，这次暴风雨引发了云地闪电，雷电也是风暴所蕴含的一种风险，要特别留意。"

天气主播："大范围的风暴天气会影响五大湖地区一直到东北地区，不过今天最恶劣的天气会在密歇根州到堪萨斯州东部一带出现，将会是大冰雹和强阵风天气。所以暴风天气会与昨天一样强劲。东北地区还会有更多的风暴到来。"

新闻主播："好的，我们会持续关注的。谢谢你，Durant。"

主播间的互动话题往往注重以"此时、此地、我发现、我觉得"作为切入点，这更容易引起受众的共鸣。在全媒体时代，监控探头、外景拍摄以及网友上传所形成的天气实况视觉化，极大地弥补了天气观测数据化的缺憾。借助热点事件解读天气影响，利用相对直观的监测和预警分析天气走势和影响。在这一过程中，新闻主播可以随时插话提问或点评，使天气主播一方面随时校验自己讲述的通俗性和清晰度，另一方面随时调整自己的讲述思路和话题侧重面。

天气主播与新闻主播的互动，可以避免以往天气主播自说自话的大段讲解，将天气信息梳理出线索和脉络，在问答、补充、递进、转折、质疑、解析的一个个回合中，信息被分解成一个个问题。这种传播更加口语化，更接近日常的"谈话场"，受众更易于理解消化。

主播间的互动还有一个巨大的优势，就是便于天气信息与其他类别信息实现融汇与嫁接。从内容上看，不再是纯粹的天气信息，天气核心信息拓展为天气外延信息。信息内涵不仅仅是天气，而是"天气+"，即基于天气的各种延伸，天气与民生相关的广泛外延。

"天气+"概念下的天气信息越来越"非典型化"，天气信息的传播也越来越接近平常的人际交往。天气信息与农时农事、健康养生、旅游休闲、交通出行等交汇之后，信息的实用性显著提升。

3.7　与图越来越"亲昵"的天气主播

我们看到的一些新闻栏目中的天气版块，主播虽与天气图"同框"，但通常仅限于口播信息，没有对天气图进行指点或解读的肢体语言。

▲ 2018 年香港翡翠台的天气主播赖君蕊

在这种情况下，天气版块无须专门设置天气主播，新闻主播即可完成。如果天气节目中只有常规的监测和预测内容，对画面中的信息，观众可以"秒懂"，那么主播几乎不需要进行指点。这时，观众往往会抱怨主播的身体遮挡画面中的天气信息了。很多人觉得画面中的主播反倒显得很多余。因为主播与天气图之间没有形成"刚性"的关联。

从 2019 年 4 月开始，朝鲜新闻节目中的天气预报，主播由原来的坐姿改为站姿，人与图之间有了更紧密的关联。

▲ 2014 年朝鲜新闻节目中的天气版块，画面中分别是气压图和卫星云图等常规图形，主播只进行一两次象征性的指示

▲ 2019 年 4 月朝鲜的天气节目

　　从画面语言的角度，善于对天气图形进行指示和解读，是天气主播专业性的体现，也是观众分辨新闻主播和天气主播的直觉标识。

▲ 20 世纪 90 年代罗马尼亚的节目，主播讲解气温

▲ 20 世纪 90 年代德国的节目，主播讲解降水

▲ 20 世纪 90 年代加拿大的天气节目，主播讲解高空急流，进行天气原理的揭示

▲ 20 世纪 90 年代法国的天气节目，主播通过气压场解读天气

很多天气主播在讲述天气的过程中，有时背对镜头，有时移出画面，有可能你看了半天，还没看清主播的容颜。

▲ 20世纪90年代英国的天气节目，主播通过气流运动解读天气

▲ 2014年委内瑞拉的节目，将近5分钟的节目，主播几乎没有顾及镜头

各国主播们相聚时，往往会相互开玩笑：看过你的节目，但还一直看不清你长什么样子。

进入21世纪10年代，像这种只单纯呈现预报结论的图形比例在逐渐降低。随着天气图形越来越多样，天气主播讲述天气图形的手势，不再是"蜻蜓点水"，而是越来越"沉浸在图上"，人与图的关系越来越"亲呢"。

因为公众熟悉的常规图形的比例在降低，新的监测手段、预报项目、叠加方式等，需要天气主播以清晰的肢体语言和解说语言做观众的天气图形"导游"。

▲ 2013年智利的天气节目　　▲ 2013年葡萄牙的天气节目　　▲ 2013年墨西哥的天气节目　　▲ 2014年瑞士的天气节目

▲ 2015 年墨西哥的天气节目

▲ 2015 年瑞士的天气节目

▲ 2015 年西班牙的天气节目

▲ 2015 年法国的天气节目

▲ 2013 年中国台湾的天气节目

▲ 2015 年日本的天气节目

▲ 2011 年美国的天气节目，天气形势场与天气影响的动态叠加

▲ 2013 年加拿大的天气节目，降水与高低压、冷暖锋、急流的多重叠加

▲ 2015 年芬兰的天气节目，锋面与降水区域、强度、相态的多重叠加

即使是看似一目了然的天气图标或天气提示，主播也会进行更细化的指示以及解读。即使是常规的形势图、预报图、卫星云图或雷达回波图，主播的解读也非常专注。

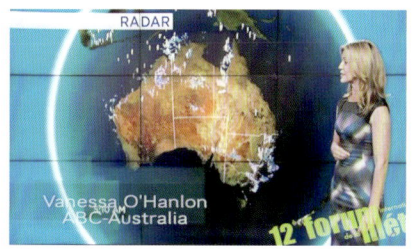

▲ 2015 年澳大利亚的天气节目，降水与流场信息的叠加

▲ 2017 年美国的天气节目，锋面、气团以及卫星云图、雷达回波的多重叠加

▲ 2013 年美国的天气节目

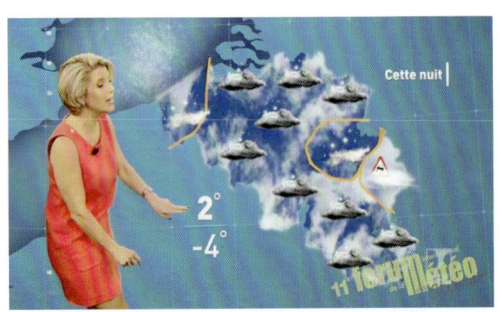

▲ 2013 年加拿大的天气节目　　　　▲ 2014 年法国的天气节目

▲ 2014 年法国的天气节目　　　　▲ 2013 年埃塞俄比亚的天气节目

▲ 2013 年波兰的天气节目　　　　▲ 2011 年美国的天气节目

以前，人们希望天气主播不要站在原地，不要"阵地战"，而要"游击战"，俗称"左右开弓"。当然，也有观众觉得，主播的"多动症"会扰乱视线，容易看不清画面信息。

▲ 2012 年美国的天气节目

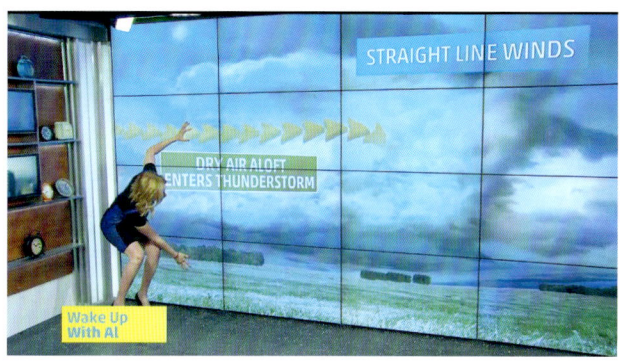

▲ 2013 年美国天气频道的节目，主播讲解天气似乎也成了一种"重体力劳动"

天气图形的多元化正在强化天气主播与图形之间的互动关系。主播由"游离于图外"到"沉浸在图上"，天气信息导读者的角色感越来越清晰。

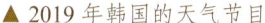

▲ 2019 年韩国的天气节目

　　为了使主播对天气的讲解与图形序列、演示节奏更契合，主播们往往手持遥控器，亲自进行图形切换。这不只是出于制作流程中的高效，更重要的是主播可以成为讲解节奏与逻辑的"总控"，便于使画面与主播的讲述更同步。

▲ 2015 年土耳其的天气节目

▲ 2013 年荷兰的天气节目

▲ 2015 年博茨瓦纳的天气节目

▲ 2015 年马拉维的天气节目

▲ 2015 年墨西哥的天气节目

▲ 2013 年塞舌尔的天气节目

▲ 2015 年韩国的天气节目

　　主播手里不同制式的遥控器，也成为人们观看节目时的谈资。但也有人抱怨，说遥控器常常吸引目光，扰乱视线，使他们无法完全专心关注天气。

▲ 2012 年中国台湾的天气节目，主播戴立纲以"翻页"的方式来进行天气图切换

　　当然，现在已有很多天气节目是依托大屏幕进行天气播报与讲解，主播是以点击功能键的方式完成图形切换，并且可以在图形上进行现场标注或绘制。但这与抠像合成的天气节目中主播使用遥控器的思路其实一脉相承。

在本节的最后，我们一起来看两段天气节目，感受一下主播与天气图形之间的关系。

第一段是 2018 年英国 BBC 天气主播 Chris Fawkes 的节目。

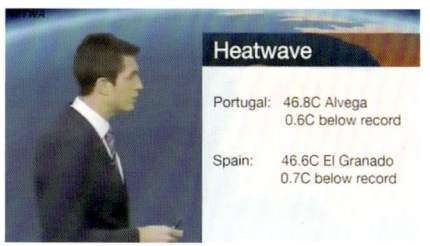

▲ BBC 天气主播 Chris Fawkes

"大家好，近日西班牙和葡萄牙地区不断出现超高温。所以首先是最新天气状况，可以看到此次高温已接近历史最高温度。葡萄牙的气温在过去 24 小时内最高达到 46.8 ℃，仅比历史最高纪录低了 0.6 ℃，西班牙地区也同样如此。"

主播转身和天气图形互动："目前高温依旧持续。未来也会经历这种高温天气。"（上左图）

主播通过云图和图形紧密互动，分析国内的天气形势："国内的英格兰和威尔士地区将开始有几日的晴天，云层有增厚的趋势。"（上右图）

主播用一个推动的手势，示意系统的运动方向以及对下一步天气发展的影响："因而降雨会绕到苏格兰西部群岛的高地，为该地区带来降雨。在今日结束之前，降雨也将从奥克尼群岛转移到设得兰群岛。"（上左图）

主播在云图上叠加城市气温，分析雨水之后马上互动讲解温度："同时，南部地区阳光充足，温度可能升到 30 ℃左右，还是相当温暖的。"（上右图）

主播通过手势和表情配合画面信息："今日晚间的天气会有所变化，冷锋为苏格兰地区带来一段时间的持续强降雨，同时降雨也将推进到北爱尔兰地区。但英格兰与威尔士地区会相对干燥，夜间休息也会感到相对温暖舒适。只有伦敦地区夜间温度会缓慢降低到16℃左右。下面继续周一的天气播报，英格兰和威尔士地区气温都较为温暖，而西部地区将一早迎来晨雾，阵雨将穿过北爱尔兰、苏格兰一路向北到达英格兰西北地区。"（上左图）

主播和天气图形的温度互动，由点到面介绍天气的时候，手势也是不一样的："国内北部地区再次达到平均温度，而西南地区高温依旧。"（上右图）

主播和天气图形互动，示意气流的运动方向："现在我们观察一下入夏以来的天气。前半夏一直受这样的高速气流的影响。与此同时，大片的阻塞高气压使得英国变得十分干燥炎热。该强冷高压向葡萄牙输送了冷空气，但实际上葡萄牙和西班牙仅在最开始出现了异常的低温，此阻塞高气压一周前已离开，这使得天气更为多变。"（上左图）

主播完全背过身和天气图形互动，示意冷高压的影响："下周，在逃离了高速气流带后，多个地区依旧不可避免地将受到阻塞高气压的影响，所以下周我们将面临由多个实力强大的大西洋低气压区带来的多云与持续降雨以及低温。此天气变化将从下周二开始，英国西北部将出现一系列阵雨，然而从英格兰东部到东南部地带仍旧有充足的阳光。"（上右图）

　　主播和天气图形互动："温度也可达 31 ℃。虽然英格兰西部地区的天气显得较为干燥，但来自附近陆地的雷雨也有一定可能带来降水。"（上左图）

　　主播和天气图形互动，示意冷空气的移动，会给周三的天气带来变化："本周三的天气预报将会持续播报冷空气的入侵。同时，本周三在这里（英格兰西部地区），甚至英格兰东部到东南部地带都将出现阵雨，彼时的气温将会有回落的迹象，但依旧高于 24 ℃ 的正常水平。"（上右图）

　　主播用手势示意周四的天气变化："周四将会播报大雨向中部和东部地区推进的趋势。

　　可能将出现强降雨或雷雨天气，苏格兰和北爱尔兰的气温也将降至 17 ℃，英格兰东部和西南部将升至 24 ℃。"（上左图）

　　主播用手势示意新的天气系统周五会继续给天气带来影响："周五时将会有来自大西洋的另一个天气系统，将潮湿空气带至北爱尔兰，最终降水会切入苏格兰、英格兰以及威尔士的西部地区。东部沿海地区大体保持干燥，伴有多云，也能看到这里的温度从 17 ℃ 至 22 ℃ 不等。"（上右图）

　　最后是综述："是的，我们刚刚回顾了最近一段时间的高温，以及英格兰东西部地区未来几日的炎热天气。但下周的天气将会更为凉爽多变。"

第二段是 2014 年 10 月美国 ABC 旗下 WCVB-TV 天气主播 Cindy Fitzgibbon 的节目。

▲ WCVB-TV 新闻节目的片头

▲ 主播间的对谈

说明：以下这段谈话中的温度均为华氏度数。

"60 多度也不是很差，考虑到我们这里之前只有 40 多度。"

"是啊，部分地区 40 多度，有的地区 30 多度，甚至还有些地区 20 度。"

"不，你在开玩笑吧？"

"我知道这样一个地方。波士顿这里还没有那么冷。"

"最低气温 43 度，历史纪录是 31 度。不过，这仍然是 5 月底以来的最低气温了。"

▲ 天气主播从新闻区域走进天气讲解区

"这里（配合手势）还有些 20 多度和 30 多度的例子。"

"霜冻，这个可以有。"

天气图形中所列的文字都是地名，配合手势："这些地方的温度都在冰点左右。"

"所以，今早很多地方都出现了轻微的霜冻。"

"但现在阳光开始'行动'了，气温攀升得很快。看（配合手势），现在有 60 度。偏南风也在帮忙。"

"来看一下，Fitchburg 62 度，Worcester 58 度，Beverly 62 度。Taunton 早晨还是 32 度，现在已经翻番到了 64 度（配合手势）。目前在海角这边，也在 60 度出头。"

主播目光转向西部："有些云层覆盖（配合手势），会有分散性的阵雨，甚至雷电"

主播双手指图，配合手势，形象地展示低压系统的运动："随着这个系统逼近，偏南风增强。"

主播左右移动，配合指图，更直观地体现天气图形上的温度信息

"所以你再看看南边的气温（配合手势），确实温暖了一些。"（上左图）

"特别需要关注的是 Raleigh，70 度（配合手势），这差不多是明天我们这里的气温。所以尽管伴随偏南风的到来，夜间云层增厚，但还是会继续升温。但明早六点，天气阴沉。也可能有阵雨，总之，阳光会被屏蔽。"（上右图）

"但不会像今天夜间 50 到 55 度那么冷。"（上左图）

"虽然多云，但气温还是能达到 70 多度。虽然有阵雨甚至雷阵雨的威胁，但明天不会是倾盆大雨。"（上右图）

"看一下这张图（配合手势），早晨这些区域有云层覆盖，还有分散性的阵雨，但到了中午就不一样了。暖湿气流开始掌控局面，下午就可能出现雷雨。但是这个雨带（配合手势）还有冷锋都还在西边。"

▲ 主播对于图上不同的信息，点面结合，指图的手势会有不同；侧面甚至会大幅度弯腰指图，和天气图形更贴合

▲ 主播让出天气图形信息，再次移动到画面另一侧，准备"出画"

"它们周二夜间至周三早晨那个时段（配合手势）会到达这里。所以周三早上出行会遭遇伴随强风的降雨。"

▲ 主播"出画"，电视画面中仅有天气图形信息

"我们再回到预报这里。大约在周三午餐时间，降雨结束。"

"周三下午会比较温暖，气温在 70 度出头。接着冷空气到来，周四晴朗的天气会回归，但气温会降到六十度出头。然后，下一场降雨可能是在周五。我会把相关的内容放在《周末天气》那个版块当中进行详细的介绍。"

3.8 天气预报在天气里播报

从前的很多天气节目就有过一些尝试，主播舍弃"气候宜人"的演播室，直接在外景讲述天气预报。

▲ 2017 年 7 月 12 日，韩国庆州地区最高气温 39.7 ℃，打破当地有气象记录以来的气温纪录。天气主播权惠仁在泳池中播报天气

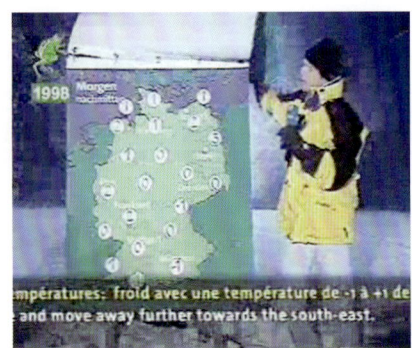

▲ 20 世纪 90 年代德国的天气节目，主播在刺骨的风雪之中以翻页的方式讲述不同要素、不同时段的预报

▲ 20 世纪 90 年代摩纳哥的天气节目，一袭黄色（黄色雨衣、话筒罩）的主播在急促的雨中播报天气，预报信息以同步合成的方式在画面中呈现

进入 21 世纪 10 年代后，天气节目越来越强化其户外属性，因为天气的影响集中地体现在人们的户外感受。"开放式"的天气节目既接天气，也接地气，同步合成技术能力的提高为其提供了业务支撑。

▲ 2013 年俄罗斯的天气节目

以真实的天气为背景进行外景播报，并进行数据实时合成，由此使电视节目更加直观、真实、鲜活，更"亲近自然"，天气主播的衣着本身就是最直观的"穿衣指数"。

在天气或气候具有高度相似性甚至一致性的小国家或地方台更具有实施这种节目形式的合理性。

▲ 2013 年德国的天气节目　　▲ 2016 年瑞士的天气节目

▲ 2013 年瑞士的天气节目，瑞士的很多天气节目常年坚守户外播报的模式

▲ 日本天气主播长野美乡在户外播报天气　　▲ 日本天气主播林美沙希，无论晴雨或寒暑都坚持户外天气播报

有一些观众看到美女主播无论寒冬酷暑都在外景播报天气，不免会怜香惜玉，甚至向电视台抱怨或抗议，不应这样"虐待"美女播报员。

　　有些天气节目的演播室就设在户外，大家可以围观，演播之后还可以答疑、合影。这既是感情维系的方式，也是面对面进行问答式气象科普的方式。

　　大学时期，日本天气主播西池沙织便开始专业的马拉松训练，经常边跑步边讲述天气感受。"我喜欢像太平洋高气压一样的人"成为网友们心目中她的一句"名言"。

▲ 2015年日本的天气节目，29岁的天气主播西池沙织曾尝试一边跑马拉松一边播报天气

▲ 2010 年元旦，首度在中国台湾东森电视台亮相的天气主播王淑丽

户外播报成了中国台湾天气主播王淑丽的天气节目的特色。

2012 年 11 月，我曾随行观摩她从清晨至中午各档节目的户外播报。她播报时，需要从环境情节中即兴抓取话题，与天气进行勾连。播报间隙，还要读取脸书上的粉丝留言，从中抽取天气线索，或回应粉丝的天气问题。

她的一档节目在直播过程中出现了雷暴，节目录制被迫中断。于是，大家利用这个时间，赶紧调取邻近时段的收视数据并进行分析讨论，商议后续时段的节目需要做出哪些修正。

▲ 王淑丽的节目名称颇具动感，叫作《气象趴趴 GO》。2017 年，她在中国台湾最高峰——玉山播报天气

▲▼ 2017 年小暑时节，王淑丽在日月潭播报天气

王淑丽的天气播报，纵情于山水之间，不止于天气，几乎成为天气与风光、物产、民俗、运动、时尚相融汇的雅集。

户外播报天气，直接面对天气，也直接面对受众，这是一种开放式演播，也是免费的品牌传播。在演播过程中，观众可以围观，可以拍摄，甚至可以搭讪。在演播结束之后，天气主播与现场观众还可以进行合影、签名、问答等互动，拉近与受众的距离。

▲ 20 世纪 90 年代美国的天气节目

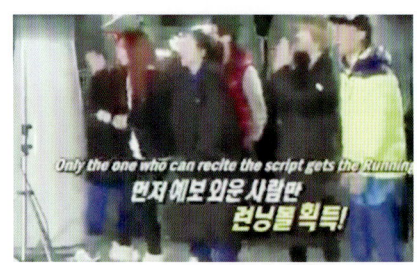 

▲ 2014 年韩国的天气节目

对于很多受众而言，他们觉得屏幕中的人走出来和自己面对面——"终于见到活的了"，是一种很新鲜的体验。

对于传播机构而言，拉近与受众的距离，降低人们对天气节目的神秘感和陌生感，也需要经常性地开放，主动地走进受众。

当然，还有一些节目，虽是演播室内录制，但也在画面中营造一种户外感。

◀ 2019 年中国香港的天气节目，香港天文台科学主任蔡子淳出镜。左图的背景图片是节目录制时的户外影像，右图的背景图片是对预报结果的具象化

◀ 韩国的天气节目中通行这样的一种方式：画面前景在进行数据的演示或对比时，以时令风光作为背景

◀ 无论是讲述雾霾（图①），解读冰冻（图②），还是播报高温（图③），也确实需要借助户外场景来进行印证和烘托

▲ 2014 年美国的天气节目，尽管节目在演播室录制，但通过画面剪辑，"秀才不出门，可见天下事"。越来越普及的监控探头，以及越来越便捷的视频上传，使天气节目中有了即时的户外现场感

在户外录制的天气节目中，一类是天气信息常规的户外播报，另一类是非常规的恶劣天气追踪。

▲ 日本的天气节目，对大雪警报发出之后的追踪拍摄

◄ 2018 年 8 月 24 日中国台湾的天气节目，主播戴立纲在内涝的现场进行天气报道

▲ 2012 年，中国天气频道主播穆微在福建霞浦报道台风"苏拉"　▲ 2017 年，中国天气频道主播魏丹在海南三亚报道台风"杜苏芮"

▲ 守候台风的"小分队",以及他们全部的"家当"。风雨中,他们很少能留下一张清晰的工作照

▲ 2014 年美国的天气节目,记者在风浪来临前进行现场体验

▲ 当然,也有这样的情况:在天气报道中,记者尖叫着在演示自己快要被狂风吹跑了,但画面右上角出现了一个闲庭信步的人,逼真的表演就这样意外地"穿帮"了

　　很多媒体机构深知,台风等高影响性天气的现场报道往往是拉动收视率的利器,所以有时"一窝蜂"地进行简单化的现场报道,将台风报道变成了与预警无关的"视觉盛宴"。

3.9　虚拟的现实

　　从 20 世纪 90 年代开始，一些国家和地区的天气节目尝试虚拟演播室。进入 21 世纪后，虚拟演播室逐渐成为天气节目中的一种风尚。真实场景的设计与搭建往往受限，而虚拟场景可以提供几乎无限的创意空间。只需要一个蓝幕或绿幕作为背景，就可以在演播室的有限空间内营造出各种风格的场景，或许唯一可以制约它的，是人们的想象力。

▲ 20 世纪 90 年代法国的节目，在当时全球同行的节目观摩过程中，是公认的最炫酷的节目

▲ 2010 年，中国台湾天气主播李富城在《李富城气象》中所用的虚拟演播室　　▲ 21 世纪 10 年代日本的天气节目，植入了虚拟动漫形象："冬将军"和"春姑娘"

▲ 21 世纪 10 年代韩国的天气节目，运用虚拟演播室（左图）和抠像合成中的虚拟背景（右图）　　▲ 2016 年阿根廷的天气节目，日常运用虚拟演播室

　　起初的虚拟演播室效果看起来还比较"虚假"，因为前景与背景之间缺乏联动。一旦摄像机推拉摇移，背景不变，只是包括主播在内的前景变化，就会让人感觉主播是在画面中怪异地漂浮着。那个时候，我们做虚拟演播室的节目有一种束缚感，唯一的新意便是节目画面中场景的整体感。直到技术上取得突破，能够在录制时实时生成与前景联动的背景信号，虚拟演播室才真正迎来了春天。

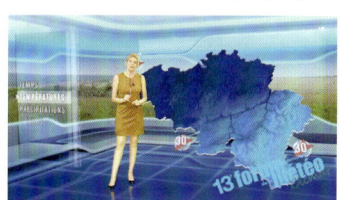
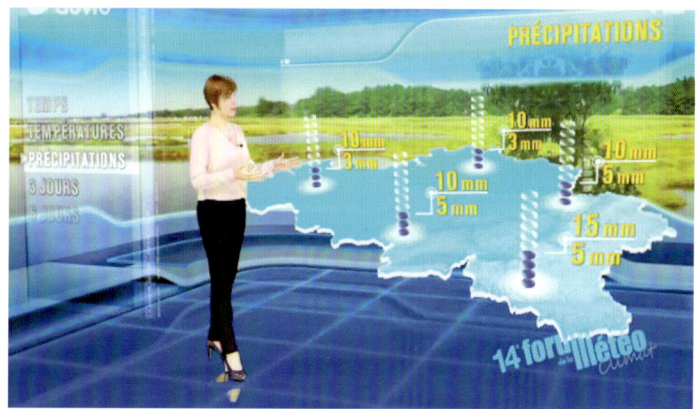

▲ 2013—2017 年比利时的天气节目，不仅虚拟演播室的运用已经实现常态化，而且无论是常规的预报项目，还是非常规的解读项目，都已经形成比较清晰的业务规范

▲ 2014 年巴西的天气节目　　　　　　　▲ 2015 年法国的天气节目

　　人们越来越注重虚拟演播室的多场景以及天气主播在多场景中的移动感。如果说天气主播原来是在一张图前站着，那么现在是在多个"房间"逛着；原来是"一居室"，现在是"博物馆"。

▲ 2013 年德国的天气节目，主播在开阔的场景中行进，多个演播区衔接，多台摄像机追踪和切换。不同的天气内容段落，在主播的行进和驻足过程中实现递进

▲ 2015 年，美国天气频道运用 VR 技术演示飓风中的气流特征

▲ 演示为什么会有不同的降水相态

　　进入 21 世纪 10 年代后，VR、AR 以及 IMR 等技术的运用，不仅有虚拟背景，而且有虚拟前景，实现全景化虚拟，使天气节目有了对天气影响的"情景再现"能力，有了一种"大片儿"的感觉。

2018 年，美国天气频道主播 Jim Cantore ▶
运用 AR 技术讲述冰冻天气背后的科
学原理

▲ 2016年越南的天气节目，依托AR技术演示雨季的连续性强降雨可能造成的次生灾害

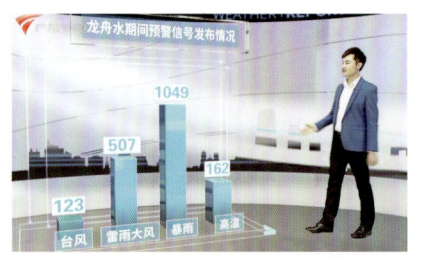

▲ 2017年，针对网友调侃的"问世间晴为何物，直教人晒不干衣物"，广东卫视天气主播马俊在天气节目中运用VR技术对"龙舟水"进行分析

2017年江苏的天气节目，场景设定是2021▶年6月的"一带一路"。主播借助AR技术讲解由连云港到阿姆斯特丹沿线的天气气候，重点讲述其场景迥异的温带草原气候、温带沙漠气候、地中海式气候、温带海洋性气候

当然，在互联网上最受瞩目的，还是美国天气频道运用 VR、AR 及 IMR 技术所制作的天气预警科普节目。这些节目涵盖了各种高影响性天气，聚焦的是天气风险以及人们的应对之策。

从预报思维来看，是由要素预报到影响预报的转变。

从预警的提示方式来看，是由字幕式提示到场景式提示的转变。

▲ 2015 年美国天气频道的节目，主播 Sam 对风暴影响进程采用一虚一实两种演示方式：真实的背景（大屏幕中的二维地图）和虚拟的前景（虚拟现实打造的三维地图）

随着制作技术的进步，单纯的抠像技术不再是唯一的合成方式。多功能屏幕的使用，使天气主播可以根据解读需要组合出多种图形序列，根据功能项的设置灵活调整讲述方式，并能够以符号、线条以及预设的动画进行"夹叙夹议"的交互式分析，可以按照新闻主播的提问进行图形提取和加注。

而虚拟演播室、虚拟现实等技术的运用，使天气节目中的原理分析和科普演示具有了接近真实的全场景效果。

3.10　让事故变成故事

　　我们先来看日本的两个"放送事故"，分别发生于 2015 年和 2018 年，都是在网上引发热议的热点事件。

　　日本 NHK 山形县的天气主播冈田美晴在 2015 年 12 月 1 日的天气预报时段登场。刚开始她情绪很稳定地说："12 月伊始，这个季节的天气，寒冷成为常态，时而冷雨降临"。但刚过了大约 1 分钟，她播报的声音就突然变成了哭声。

　　冈田美晴一边哭着一边播报，当镜头从外景画面切换到演播室内时，只见她低头强忍着泪水，断断续续地勉强完成了天气预报时段的播报。

　　当镜头切换到一对新闻主播时，这个主播说："非常抱歉，今天出现很不体面的画面，接下来播报新闻"。

　　冈田美晴在直播中的情绪失控，迅速成为舆论的焦点。由于她是一位资深主播，所以网友们排除了精神紧张这一因素。大家纷纷猜测，是身体有恙？是爱情受挫？还是遭电视台解约……直到电视台出面澄清，导致事故的原因是节目导播切换画面失误，与冈田美晴事先准备的内容完全不一样，慌乱之下，越说越觉得委屈，于是哭泣并拭泪。

　　有人指责她不够专业，但更多的人对此表示理解。人们说，主持人也是人，偶尔失误很正常，自然的情感流露，其实是人性化的一部分，反而提升了节目的"瞩目度"。有人担心她因此会被解雇，但在有关的电视机构力挺之下，她迅速回归节目。慈善节目《24 小时电视》力邀她加盟，希望她以跑 24 小时马拉松的方式表达歉意。

因为这一风波，冈田美晴意外"爆红"，但毕竟存在一定的争议。相比之下，另一起"放送事故"中的天气主播松雪彩花却赢得了网友的一致赞誉。

2018 年，日本天气主播松雪彩花遇到了一次"放送事故"。

天气讲到一半儿，天气图标都消失了。她迟疑了一下，笑着说："只有我看不见吗？"

两秒钟之后，天气图标出现了。她接着自嘲道："我还以为天气图标都变成透明的了呢！"但这时她发现，天气图标变成了画面中的前景，她被图标遮挡住了。于是，她俯下身，在画面中没有图标遮挡的右下角露出脸来，说："请看今天的天气哦！"

然后，她索性走到画面的中间，演示一下：平常都是主播遮挡图标，这次是图标遮挡主播。

最后，她又顺势提示："阴雨天气主要是在日本西部地区。"

一个事故，让她巧妙地化解为故事。她"卡哇伊"风格地化解事故的视频，赢得了众多网友的点赞，甚至有人希望电视台多出一些类似的事故。

◀ 世界上最短的天气预报。2014 年日本天气节目直播中，新任天气主播一紧张，节目开场说道："观众朋友您好！天气预报播送完了！"主播们调侃道："这是世界上最短的天气预报啊！"

◀ 2014 年荷兰的天气节目，在直播中，主播的话筒居然掉进了自己的衣服里。荷兰天气主播 Helga 很欢乐地将这段视频在国际论坛上与各国同行分享

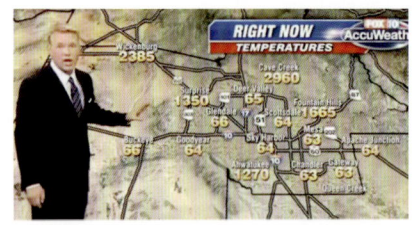 

▲ 2015 年美国的天气节目，主播在讲解过程中，猛然发现温度图上的数值错误，他镇定地调侃道："温度上千度了，可是，我并没有权限要求大家撤离。"

▲ 哼！摄像机居然不拍我？美国的一个天气节目中，主播讲着讲着，忽然发现摄像机在拍摄地面，于是强行入画，跪在地上播报天气

▲ 意外的闯入者。2018 年美国的天气节目，主播在播报的过程中，一只狗悠闲地闯入镜头。原来，这是一位新闻主播的爱犬，而这一天是"带上狗上班日"。这位"不速之客"的到来反而受到了观众欢迎。一位观众留言："让更多的狗狗出现在新闻和天气预报里吧！"

▲ 2014 年加拿大的天气节目

与狗的闯入相比，人的闯入次数显然更多一些。

▲ 2009 年 12 月 30 日，美国天气频道女主播金·佩雷兹正在进行直播，她的男友——警官马迪·坎宁安与节目组私下"串通"，突然走进直播间，当着观众的面向她求婚

▲ 2016 年美国的天气节目，主播 Bobby Deskins 在播报天气的过程中，一位新闻主播入神地盯着手机屏幕玩着游戏，径直地在画面中穿行

▲ 2017 年比利时的天气节目，主播 Jill 在直播的过程中惊喜地收到了祝福生日的鲜花

▲ 还有这样为了制造惊喜的刻意闯入

▲ 2017 年马达加斯加的天气节目，主播也带着"小助理"讲天气

▲ 2018 年，美国天气主播 Susie Martin 在"国际婴儿背带周"期间播报天气时，全程背着她 1 岁的儿子。于是，她的节目在社交网站上成为当时的热门视频

当然，还有其他的闯入者。

蜂、鸟、蜘蛛之流，都可能成为节目中的闯入者。据说，这些闯入者往往能够神奇地提升节目的收视率。

如果说以上这些仅仅是节目直播过程中的花絮的话，一个真正意义上的事故，就特别考验节目团队应对的心态和技巧。

▲ 2015年美国的天气节目，主播在讲述过程中，电脑图形系统发生故障。主播已经做出"无力回天"的手势，这时节目制片人急中生智，手绘数据和图标，代替电脑图形，然后抠像合成。主播一边调侃，一边解读。一个事故，变成了人们津津乐道的故事

一些国家的天气节目追求轻松随意的氛围，并不介意直播过程中的各种"花絮"，不排斥直播中各种细节的"毛边感"。甚至有些节目（主播）会追求夸张和另类的方式，作为一种个性化标识。

▲ 2012 年美国 CNN 的天气节目

网络时代，受众承受和包容的"阈值"也在（将）发生变化。人们往往乐于在原本严肃刻板的节目中寻求颠覆传统的轻松。所以，天气预报版块不仅是新闻栏目的"松紧带"（调节时间），也是"变压器"（调节气氛）。

总体而言，发达国家的天气节目中的谈话场是熟人社交般的轻松随意，有些电视台甚至会将节目中的"NG"（通常指影视剧拍摄失败的镜头）片段编串成集，进行官方发布。有的是直播中的自然状态，有的是刻意为之，在近年来社交媒体上，往往容易成为人们的谈资甚至热门话题。

▲ 2011 年英国的天气节目，主播在直播中忘记了地名　　▲ 2012 年英国的天气节目，直播中，主播不知因何狂笑不已

▲ 2013 年英国的天气节目，天气图上居然出现了 −88 ℃这样的温度——这可咋办呀？

我们一起浏览一下 2017 年英国天气节目直播中的失误集锦。

▲ 主播说着："下面我们来看一下明天的天气，明天将……"然后尴尬地扬起手里的图形遥控器，无奈地说："这个坏了。"紧接着弯腰捡起一个老式遥控器，现场组装

▲ 天气节目的外景主播正在讲述未来几天会变得更湿热，这时因为画面远处一只狗的入画，演播室里的两位主播已经笑成一团，并叮嘱："别回头！"最后，外景主播才意识到："我被狗抢戏了！"然后以"这是我生命中的一个故事"来定义直播中的这个"小插曲"

▲ 天气主播 Helen 在讲述天气时，画面中出现了两个 Helen。她就这样完成整段播报，将时间交还给新闻主播。新闻主播顺势调侃道："我们不是只有一个 Helen，而是有两个。要是多几个 Helen 我才高兴呢！"

▲ 天气主播以捡拾遥控器为由头俯下身去，再入画时，便已是另一副模样。这当然并非失误，而是刻意为之的万圣节"变脸"

▲ 天气主播刚要开始讲解，猛然发现，图表中的地名是空的，气温数值都是 99 ℃。于是，她赶紧移向图表，笑着说："我要挡住这张图！"然后继续讲解。而在节目结束之时，她致以歉意："刚才完全是我的错。"并说，这是因为多按了一次遥控器造成的。新闻主播的反应很机敏，接过话茬儿，说："厉害，多按一次遥控器就能把气温弄到 99 ℃！"

◀ 天气主播说："我出现了，可是我并没有在演播室。请耐心等我一下。"

◀ 天气主播开场刚讲了句"天气晴朗"，就说："哦，没听懂。怎么一大早就不会说话了！"然后，就大步流星地走开了。镜头只好切换给一脸惊诧的新闻主播

▲ 天气主播想切换图，可就是换不成，只好在锋面示意图上预报气温。预报结束之时，图终于切换成功。于是她感慨道："科技真伟大，是不是？"然后调侃自己："我这图换的，颠三倒四的。"

▲ 2018 年 7 月，英国天气主播 Laura Tobin 出人意料地带着女儿上节目（上图）。2018 年 10 月，她又出人意料地在天气节目中为弟弟找女友（下图）

与以往相比，网络时代，人们是以更开放、更宽容的心态对待演播中的意外与另类。

天气节目时常以某种意外或者刻意设计的"意外"来刺激收视，以及次生的网络热议。

当然，不同的文化传统对于节目形态和演播方式有着不同的喜好和包容度，同样的一个举动或者说法，在此地可能是"故事"，在彼地可能是"事故"。即使在同一个国家，受众也有着不同的偏好和接纳程度。

▲ 2013 年美国的天气节目，主播在解读天气的过程中，3 分钟打了 14 次嗝，说了 7 次对不起！最后，还是新闻主播善解人意，递上了一杯水

　　打嗝儿毕竟是小概率事件，但主播们因为某个话题笑得停不下来导致天气预报无法正常播报的情况却屡见不鲜。

▲ 身着蓝衣的天气主播一直狂笑不止，无法正常播报天气

▲ 两位女新闻主播一直狂笑不止，天气主播只好耐心地等待

　　每次看到此类视频，就有不少网友留言，问我如果遇到节目演播过程中打嗝或者打喷嚏之类的事情怎么办。我告诉他们，因为我们有杜绝演播事故的心理底线，像打嗝、打喷嚏这种生理反应，或许早已被内心强大的意念给"封杀"了。

　　也有一些网友希望我们在节目中语风可以诙谐一些，装束可以另类一些，比如打雨伞、戴墨镜或者穿短袖做节目，为什么总是西装革履一本正经呢？

　　其实天气主播们并不排斥这些尝试，但它取决于社会整体的欣赏倾向。

　　2019 年，我在节目中调侃一句："今后几天的气温，是下降之后就迅速反弹，这与我们很多人的减肥经历非常相似"。第二天，"我被天气预报人身攻击了"成为网上的热门话题，有同行替我捏了好几把汗，直到看到主流媒体的点赞，直到发现网友们只是以调侃回应调侃而已，他们才释然。

　　还有一些网友好奇，你们在直播过程中就没有遇到过事故吗？

　　2004 年，我在一次直播连线的过程中，面前的一盏聚光灯"啪"的一声掉了下来。1500 瓦的灯，温度太高了，砸到胶质的地面上，没几秒钟的工夫，我在若无其事讲述天气的过程中，闻到了塑料烧焦的味道，越来越浓。然后，尽管隔着鞋，脚趾都开始感觉到不一样的温度了。好在天气预报的时间很短，只有两分钟。画面一切走，同事们赶紧冲进演播室扑救。

　　事后看节目回放，灯掉落的一瞬间，我的眼神有一瞬间的抖动，但仅此而已。幸好，那一次意外没有变成事故，只变成了私下里的故事。

当然，我的这番经历，与大连天气主播刘晓东相比，就算不得什么了。

▲ 2017年4月24日，大连天气主播刘晓东录制节目中遭遇雷击，节目视频"火爆网络"，海外媒体也纷纷报道

国内媒体"风生水起"的报道也吸引了海外媒体的关注，英国路透社、美国哥伦比亚公司（CBS）等"重量级"媒体都对相关事件进行了报道。"天气主播遭雷击"成了一次"现象级"的全球媒介传播事件。

严肃节目的"意外"片段更具有传播力，因为这是一种距离感的消解，天气主播在遭遇雷击时也会惊慌失措、本能扔伞，传统的出镜形象被颠覆。而且天气主播遭遇雷击比其他人遭遇雷击，更具有话题性，于是引发"网络狂欢"。

但我希望，随着对雷暴监测和预测能力的提升，能从容预知雷暴的天气主播不再遭遇直播时的雷击。

▲ 2018年8月20日，刘晓东狂风报道现场

仅仅一年之后，2018年8月20日，台风"温比亚"侵袭大连，刘晓东又被风"收拾"了，于是他被网友称为"史上最惨天气主播"。

天气主播在直播过程所遭遇的各种意外，实际上是这个职业所面临的安全风险。

▲ 2018年9月13日晚，美国WCTI-TV首席天气主播Donnie Cox在直播过程中，突然说他马上要撤离了。随即，他快步走出画面

▲ 后来，Donnie Cox及其同事在社交媒体上对此事的背景进行了叙述

这似乎是一场意外，但真实的情况是：飓风"佛罗伦萨"的到来引发洪水。当地居民陆续撤离，但天气节目选择继续坚守，滚动追踪飓风的新动向。直到洪水已经接近他们进行现场直播的大楼，被迫紧急疏散，天气主播才在最后一刻离开。

◀ 2012 年，新西兰天气主播以霍比特人的造型播报天气

◀ 2015 年，菲律宾天气主播 Lia Cruz 以万圣节造型播报天气

　　在网络时代，主播以及制作团队越来越希望在天气节目中有天气之外的情趣和故事，希望天气节目能够衍生出天气线索之外的话题。

▲ 中国台湾东森新闻台新闻主播和天气主播的万圣节造型（左图，2017 年 10 月 31 日），以及圣诞节造型（右图，2013 年 12 月 24 日）

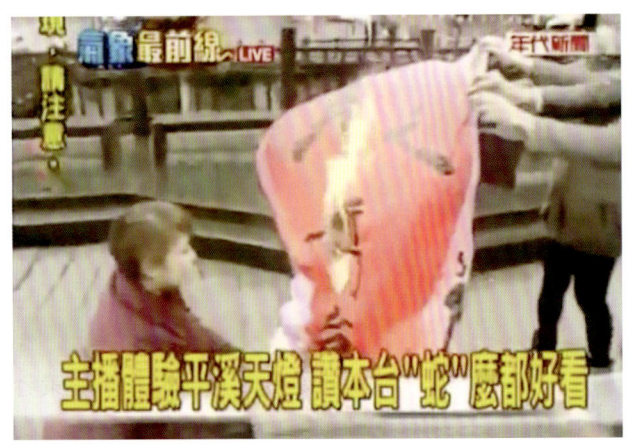

▲ 中国台湾年代新闻台天气主播黄钰文体验施放元宵祈福的孔明灯，但放天灯变成了"烧天灯"

▲ 中国台湾年代新闻台天气主播郑之茵在报道天气时，即兴演唱歌曲《秋意浓》

　　趋于宽松的节目氛围，人们愿意将事故视为故事，主播及节目团队也愿意制造故事，但包容依然是有底线的。事故，不能都成为故事。

▲ 美国一位天气主播竟然如此演示飓风路径

▲ 2019 年初，美国天气主播 Keremy Kappell 因为在节目直播过程中，涉嫌有种族主义言论而被解职，尽管他辩称是发音错误所致，尽管 Al Roker 等资深主播希望公众能够接受他的歉意

▲ 韩国 KBS 在 2019 年 2 月 13 日的天气节目中错用了 2 月 12 日的数据，于是在 2 月 14 日的节目中，主播郑重道歉

说起道歉，再讲述一个因为预报失误而道歉的案例。当然，那是预报失误，而非事故。

美国各大预报机构均预测 2015 年 1 月 27 日纽约可能遭遇强降雪，并被媒体渲染为纽约 "史上最强暴风雪"。但最终，传说中的这场风雪只是温柔地 "擦过" 纽约而已。

随即，美国国家气象局在脸书（Facebook）上写道：迅速加厚的暴风雪是很难预测的。目前，暴风雪已经进一步向东部移动，速度将比过去两天预报得要更快。这意味着部分地区遭遇的降雪比之前预报的要少得多。

从遣词造句来看，这并不算是正式道歉，而是包含歉意的分析评估。

而天气主播们纷纷通过社交媒体表达歉意。

Gary Szatkowski 首先在推特（Twitter）上发布了一个简短的道歉："我将最深的歉意致以众多决策者及广大市民。然后他又解释道：你们做了很多艰难的决定，只希望我们能够预测准确，而我们没有。再次致歉。"

在这个道歉的网友评论中，有这样几派观点。

"鹰" 派："那你就辞职吧。"

"鸽" 派："我很感激有惊无险，安全比遗憾更重要。"

"学院" 派："如果预报模式能因此而汲取经验，夫复何求？"

  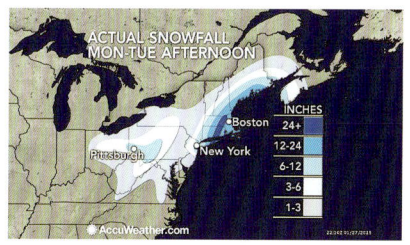

▲ 2015 年 1 月 25 日，对美国东北部降水区域和降水相态的预测　　▲ 2015 年 1 月 26 日，对美国东北部的降雪量预测　　▲ 2015 年 1 月 27 日美国东北部降雪量实况

从几位天气主播致歉的评论和反馈来看，Gary Szatkowski 的道歉传播最广。而美国 CBS-3 天气主播 Kate Bilo 的道歉，网友的评论最温和，评论区几乎是清一色的谅解。

例如：这要是放在一千年前，已经算是神预测啦！

假设你把这次事件报得不严重，而万一很严重，那我们就措手不及了。

预测大自然母亲从来不容易，你提供了服务，我更愿意为最糟糕的情况做准备。

有人调侃道："美女做错了事，是可以被原谅的。"

◀ Kate Bilo 的道歉："如果预报一定要错的话，我希望是高估（风险）而不是低估。这样对于生命和财产的威胁都低一些。但我还是对这样的结果表示抱歉"

在发布高影响性天气预报预警之后，常常是影响区域、量级、时限在媒体上被夸张、被加码，形成炒作声浪，人们的情绪被裹挟、被传染。在这一过程中，提示阐释不确定性的声音反而被疏忽甚至被屏蔽。

而在预报失误的结果显现之后，最醒目的，是来自媒体的挞伐。

美国几大媒体的标题：

CNN：气象专家针对暴风雪误报发出最深的歉意（Meteorologist offers deepest apologies over mistaken blizzard forecast）

Yahoo：因误报暴风雪，气象专家在推特上罕见发布道歉推文（Meteorologist offers rare apology on Twitter for big forecast miss on snowstorm）

CBS：暴风雪的预报者们因并没有出现历史性积雪而处于水深火热中（Snowstorm forecasters under fire as historic accumulation failed to materialize）

一些网络论坛或者贴吧，在出现错误的预报时，受众很气愤，八个字：天气预报，胡说八道！业内人士不服气，六个字：有本事，你来报！

一个错误的预报出现之后，经常是这样的情况：要么是言语对峙，要么是刻意回避，认为理应得到谅解。

其实，当出现公众热议的预报失误时，最好的方式不是回避，也不是推诿，而是需要坦诚地表达歉意或对造成预报偏差的原因进行解读。

在天气主播界，时常有关于预报失误是否道歉和如何道歉的讨论。

美国气象学者 Adam Rainear 曾经感慨：平常我们谈论气候变化时，会抱怨公众不感兴趣；而当天气预报出现失误，公众特别感兴趣时，我们却抱怨不知道如何回应。

1999 年 12 月 13 日，我也曾因漏报华北的降雪在节目中表达歉意。当时，这件事还被称为"道歉事件"。后来，我自己这样总结那次绝无前例的道歉：有合适的机会，于是表达歉意，不伤颜面；没有合适的机会，于是心存歉意，不伤身体。

当然，没有哪条法规要求预报者或传播者对错误的预报必须进行公开道歉。但这不等于面对错误的预报，心中毫无歉意。道歉，只是表达一种态度，一种职业担当。它并非法律层面，而是情感层面的。

做出了错误的预报，如果是一般性的，例如阴天报成晴天，中雨报成了小雨，受众一般也不会苛责，人们大多会待之以宽容。但如果一项预报引发社会强烈反响，相关机构或相关人若能够不回避、不遮掩，诚恳地表达歉意，并分析预报失误的成因，袒露自身的不完美，无疑在一定程度上能够化解人们的愤懑，甚至消除怨念和误解。

3.11　美图与美女

在天气节目的非内容服务部分，大家越来越追求节目的"颜值"，包括实景（户外和演播室实景）的"颜值"、虚拟场景的"颜值"以及天气主播的"颜值"。

▲ 21 世纪 10 年代的韩国的天气节目，虽然是内景录制，但也充分体现着契合时令的物候美学

▲ 20 世纪 90 年代丹麦的天气节目

▼ 2016 年丹麦的天气节目。主播 Jesper 是一位童话爱好者，也是天气谚语爱好者。节目中一直洋溢着一种童话气息

21 世纪 10 年代日本的天气节目会尝试各种形式的虚拟主播，偏爱画面中的拟人化元素。

▲ 日本天气节目中的熊猫娃娃，担任以声音进行天气提示的助理主播

▲ 日本天气节目中的系列动漫人物

▲ 2017 年意大利的天气节目
▲ 2016 年巴西的天气节目

▲ 2015 年（左图及右上图）和 2016 年（右下图）阿联酋的天气节目

▲ 2015 年黎巴嫩的天气节目，多个景别、多组景区进行切换

▲ 2016 年匈牙利的天气节目，超宽屏幕构成了多幅天气图，一路走来，边走边讲，不同题材的天气图组成一个"长廊"序列

▲ 2017 年韩国的天气节目，主播在一个节目的多个演播区之间穿梭

▲ 2019 年印度尼西亚的天气节目，演播室内的主播讲述一周天气概要之后，再与外景连线，由外景主播继续播报未来 24 小时的预报结果

　　很多国家的节目，强调节目的大场景，以及多景区和多景别切换。天气节目不再是单一场景，也不再是同一景别的"一镜到底"，虚实结合，远近接续，内外交互。

▲ 美国天气频道的节目，有播报、有字幕，有"进程菜单"，还有新闻播报区之外的解读天气的多个演播区，很像是人们了解天气信息的一个"超市"。而且，在"超市"中还可以看到"电影级"的科普演示

▲ 以 VR 技术演示大湖效应

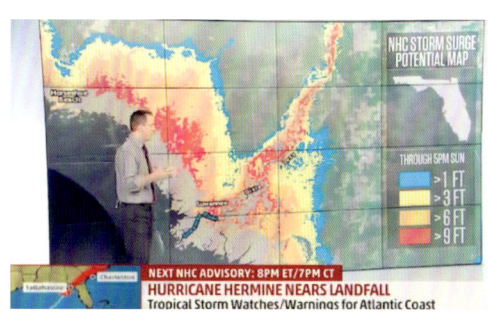

▲ 以 AR 技术分级演示风暴潮的影响

当然，21 世纪 10 年代，各国天气节目中最大的"颜值"增长点还是美女主播的增多。

从前，有所谓"演员型"主播、"专家型"主播之分，但遴选主播的过程中，更注重兼具"颜值"和解读功底的气象专家。正如网友所言，"这是一个看脸的世界"，但从前人们还是更青睐明明可以"靠脸吃饭"，却偏偏去拼才华的主播。那时的天气节目中也有不少女性主播，但多数还是知识功底深厚的"资深美女"。

▲ 20 世纪 90 年代捷克的天气主播

▲ 20 世纪 90 年代美国的天气主播

▲ 20 世纪 90 年代墨西哥的天气主播

▲ 20 世纪 90 年代斯洛文尼亚的天气主播

但 21 世纪 10 年代，在众多的国家和地区，天气主播中有气象专业背景的比例在降低。一些电视机构以天气主播的"美女化"来应对收视率的严酷竞争。

在一些电视界专业人士看来，人们检索天气信息的方式越来越便捷，电视天气节目已逐渐丧失"必视性"，不再是人们的"刚需"，主导收视率的核心要素是人们的"收视感性"。换句话说，看不看这档天气节目，取决于喜不喜欢，而不是需不需要。天气节目由功能需求驱动变为欣赏需求驱动。

▲ 21 世纪 10 年代澳大利亚和美国的天气主播，这时"伯伯"级的天气主播已经变得越来越少了

正如中国台湾同行的一句话："现在的收视率，是'伯伯打不过妹妹'。"只有在台风即将登陆或寒潮即将肆虐之际，人们才会短暂地回归收视理性，"伯伯"的收视率才会高于"妹妹"的收视率。

▲ 2010 年代阿尔巴尼亚的天气主播

▲ 21 世纪 10 年代黎巴嫩的天气主播

▲ 21 世纪 10 年代纳米比的天气主播

▲ 21 世纪 10 年代马达加斯加的天气主播

▲ 21 世纪 10 年代美国天气频道的主播 Kait Parker

▲ 21 世纪 10 年代意大利的天气主播

▲ 21 世纪 10 年代卡塔尔天气主播

▲ 21 世纪 10 年代缅甸的天气主播

▲ 21 世纪 10 年代斯洛伐克的天气主播

▲ 21 世纪 10 年代尼日利亚天气主播

◀ 21 世纪 10 年代保加利亚的天气主播 Banova

记得 2014 年参加联合国气候峰会期间，我想要采访保加利亚时任总统罗森·普列夫内利耶夫。我向保加利亚天气主播 Banova 求助，她爽快地与总统的新闻官沟通，很快为我们争取到了采访的机会。

▲ 21 世纪 10 年代塞尔维亚的天气主播

▲ 21 世纪 10 年代法国的天气主播

▲ 21 世纪 10 年代柬埔寨的天气主播

▲ 21 世纪 10 年代印度的天气主播 Shivangi，她所在的电视台有 7 位天气主播，全部为女性

▲ 21 世纪 10 年代越南的天气主播

▲ 21 世纪 10 年代中国香港的新闻暨天气主播陈嘉倩

◄ 韩国已实现天气主播的"美女化"。图为被称为"韩国佳丽"的天气主播朴恩智 2012 年制作的写真集

21 世纪 10 年代，日本的天气主播愈发娱乐化，也愈发"低龄化"。当然，一些美女"主播"并不负责讲解天气，而是负责以各种语气词来表达感叹、疑惑、震惊，相当于天气主播的"捧哏"。

▲ 出生于 1997 年的日本天气主播山崎亚美

▲ 日本天气主播穗川果音。原以为这是各国主播拍摄写真尺度最大的，后来我发现远远不是

▲ 墨西哥天气主播 Gacia

在众多的美女主播当中，最具全球影响力的，还是墨西哥天气主播 Gacia，她被网友们誉为"世界上最性感的天气主播"。

每隔一段时间，社交媒体上就会出现她的视频合集，很多网友便会借此提醒我们："瞧瞧人家的天气主播！"感觉这才是理想状态的天气主播。她，似乎是天气主播美女化的一个最重要的标志。

　　美国 NBC-6 天气主播 John Morales 曾与我探讨过这样一个观点,在气候温和、极端性天气事件相对少的地区,媒体优先选择美女主播是完全合乎逻辑的。专家背景的天气主播,其优势在于解读天气危害,提示如何规避风险,传播关键词是规避(avoid)。而气候温和的区域,更需要美女主播激发人们对于宜人天气的美好体验,传播关键词是享受(enjoy)。因此,由谁来担任天气主播,并没有"放之各地而皆准"的标准答案。

　　从全球来看,女性天气主播的比例,由 20 世纪 90 年代的 47%,上升到 21 世纪 10 年代的 54%。甚至在一些国家,已经形成了天气主播完全的"美女化"。

　　通过对 55 个国家和地区天气主播专业背景的统计,21 世纪 10 年代只有近 20% 的天气主播出自天气相关专业。即使在已实施天气主播资质制度的一些国家和地区,"专家型"的天气主播也同样是"少数派"。

3.12　明星也来聊"天"

为了降低天气节目的"程式化",避免总是"老面孔"所形成的倦怠感,在一些天气服务高度社会化的国家或地区,各路明星、各界名流客串天气节目或者跨界出任天气主播的事例已屡见不鲜。甚至在某种程度上,天气主播已经成为一种"自由职业"。

面对全美持续暴热的天气,从民间的祈雨舞获得灵感,美国影星汤姆·汉克斯在天气节目中随着音乐"起舞求雨"。他说:"这是世界上最艰难的工作——求雨。"

英国影星汤姆·希德勒斯顿在播报天气的过程中,还顺便调侃了他曾主演的影片名字《雷神》。他的解说,很具有诙谐的专业范儿:"这里目前正处于巨大的风暴前沿,所有这一切都意味着克里斯·赫姆斯沃思已经拿起他的锤子砸向了天空表面,暴雨将至。祝你们好运。"

有记者评述道:还好演播室里没有观众席,要不然,节目中将满是欢呼和尖叫的声音。

▲ 美国的天气节目,蝙蝠侠客串天气预报

▶▲ 美国的天气节目，喜剧演员客串天气预报

◀▲ 2012年，新西兰著名歌手Adam Lambert 客串天气主播

◀ 2013年，加拿大网球明星客串天气主播

▲ 2009 年，美国篮球明星客串天气预报

▲ 2013 年，美国篮球明星再次客串天气预报

◀▼ 2015 年，日本模特森田美位子(左图)和歌手柏木由纪(右图)跨界出任天气主播

◀▲ 2012 年，中国香港歌手邓紫棋客串天气主播

◀▼ 2014 年 11 月 17 日，中国台湾歌手蔡依林客串天气主播

◀ 2018 年 1 月 15 日，台北市市长柯文哲客串天气主播

◀▲ 2004 年 8 月 12 日，中国科学院院士、中国气象局局长秦大河客串天气主播，发布针对台风"云娜"的紧急警报

　　在写这本书的过程中，我将这两张图片发在微信朋友圈。秦大河院士留言："你记忆力真好"！我回复道："我毕竟是天气节目的'活字典'嘛。您在天气节目中出镜的时间，比查尔斯王子早 8 年！"

　　2012 年，英国王储查尔斯王子在格拉斯哥现场播报天气。播报过程中，关于提词器中的解说词，还随口调侃一句："这是谁写的解说词？"虽然画面中有一个很大的"LOW"，但他的讲解水平可一点儿也不"LOW"。有人说："毕竟谈论天气是英国人的种族天赋。"

▲ 2012 年 5 月 10 日，英国查尔斯王子客串天气主播

别人跨界来主持天气节目，而一些天气主播也有诸多的"跨界"。

▲ 英国天气主播 Derek Brockway 跨界主持旅游探险节目

▲ 美国 NBC 天气主播 Al Roker 参与户外娱乐节目、健康话题的访谈节目

▲ 日本天气主播长野美乡参与各种娱乐节目的录制

▲ Louise Bourgoin，原为法国天气主播的她，2008 年凭借影片《摩纳哥女孩》跻身影坛

▲ 2010 年，Louise Bourgoin 又成功主演影片《阿黛拉的非凡冒险》

▲ 2018 年，曾任法国天气主播的 Doria Tillier 以其电影处女作《从前的我们》，获得第 43 届法国凯撒电影奖最佳女主角提名

在 Doria Tillier 担任天气主播的 2013 年，她便有一番与天气无关的非常之举。她曾放言，倘若法国足球队进军世界杯决赛阶段的比赛，她就在天气节目中全裸出镜。结果，法国队 3：2 逆转乌克兰队。于是，她以在草地上裸奔的方式播报天气来兑现承诺。

▲ 2018 年 9 月 12 日，戴立纲在新闻谈话节目《新闻龙卷风》中讲解天气情况

在中国台湾，天气主播的"跨界"也是很常见的。

天气主播戴立纲将气象节目延伸到新闻谈话节目，这或许在一定程度上也形成了天气节目与新闻节目的一种相互加持。

▲ 20 世纪 90 年代的天气主播林志冠

林志冠离开天气节目之后又去主持财经节目。他自嘲说，他先后主持的，是人们眼中最不靠谱的两种节目。我曾读过他写的天气随笔，他特别擅长将专业问题"接地气"。例如，他说："什么是夏天，夏天就是开始卖芒果的时候。什么是盛夏，盛夏就是芒果由论斤卖变成论堆卖的时候。"

▲ 中国台湾天气主播林嘉恺，善于以"乡土"的方式讲述天气，故而深受年长观众的喜爱，被称为"阿恺"主播

▲ 林嘉恺在主持天气节目之余，也客串新闻主播（2017 年 12 月 29 日的新闻节目）

◀ 中国台湾天气主播彭启明，则在气象领域担纲多重角色（2018 年 1 月 3 日的天气节目）。节目画面左下角的"Weather Risk（天气风险）"，是他创办的气象服务公司的名字；画面右下角的《天有可测风云》，是他撰写的一本科普书籍

第 4 章
关于本土特征

4.0 综 述

▲ 2014 年韩国的天气节目

▲ 2016 年蒙古的天气节目

　　各国天气节目在演化的过程中，不断地求同存异。这一章所讲述的，是"存异"的部分，是某些国家天气节目在内容或形态方面相对独特的坚守。

　　观看各国的天气节目，其实最表象的差异，首先是服饰。在很多国家，电视天气预报是新闻栏目中不可分割的一部分，所以天气主播的着装通常都是比较规范的职业装。主播们往往很少能够在服装上标新立异。

　　下面说一个关于主播"撞衫"的故事。

　　2015 年 11 月，美国天气主播 Jennifer Myers 因为发现一件令人爆笑的事而"走红"网络。起因是她在网上订购了一件很便宜的连衣裙，没想到有人告诉她：几乎全美国的天气主播都在穿这条裙子！这让她非常吃惊，忍不住跟网友们分享了这件有趣的"撞衫事件"。

▲ Jennifer 发布的信息

▲ 著名的"撞衫裙"

实际上，天气主播这个职业并不如人们想象中那般光鲜亮丽，而是有着极其严格的服装要求，过于怪异或过于暴露的衣服都在禁止之列。

不过，进入 21 世纪 10 年代后，一些国家或地区的天气节目中，主播的着装有了一些新的变化。且不说某些特别另类的着装，主播们开始尝试体现民族风情或气候属性的服装。

▲ 2013 年尼日利亚的天气节目

▲ 2015 年吉布提的天气节目

▲ 斯里兰卡 2016 年的天气节目

▲ 2016 年马达加斯加的天气节目

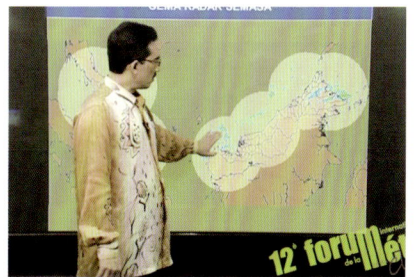

▲ 2015 年马来西亚的天气节目

▲ 2014 年沙特阿拉伯的天气节目

显然，人们在天气节目中希望通过各种要素彰显特征化。

但本章的重点并不在于服装要素，而是试图梳理几个代表性国家的天气节目最本质的本土特征。

本章的 4.1 节 "不同语境下 '秒懂' 的语言"，简要地探讨天气节目中所蕴藏的不同的生活体验和文化习俗。

4.2 节 "节目包装中的科技感和自然风"，聚焦的是画面风格的两种导向。一种是科技感，凸显天气信息所蕴含的科技属性；一种是自然风，凸显天气信息所具有的自然属性。

4.3 节 "极简主义"，聚焦的是信息纷繁的时代，天气节目对于简约的尝试。

4.4 节 "天气由话题组成"，聚焦的是美国天气节目中，新闻主播与天气主播的对谈模式。这是美国天气节目中的通行方式并深刻地影响到众多国家天气节目的形态。

4.5 节 "'呆萌' 风格"，聚焦的是日本的天气节目。日本的天气节目，是本土特征最鲜明的，有很多非常独特的细节，包括动漫的运用，包括独特的指示方式，包括独特的 "气象预报士" 制度，包括体现气候和物候的 "岁时记"。

4.6 节 "是不是 '颜值控'"，聚焦的是韩国的天气节目。韩国的天气主播，已经实现完全的美女化。而在节目画面创作上，着力体现天气信息与时令物候的融合。

4.1 不同语境下"秒懂"的语言

2014 年，世界气象组织在发起"2050 年的天气预报"活动之时特地强调，天气节目要以契合本土文化的思维，以本国公众熟悉和亲近的方式诠释气候变化，用最能触动本国人神经的方式解读气候变化。

我们可以看到，各国主播在讲述 2050 年的天气时，核心话题是非常"本土化"的。

◀ 比利时的"2050 年的天气预报"：气候变化将使我们很难再见到"白色"的圣诞节

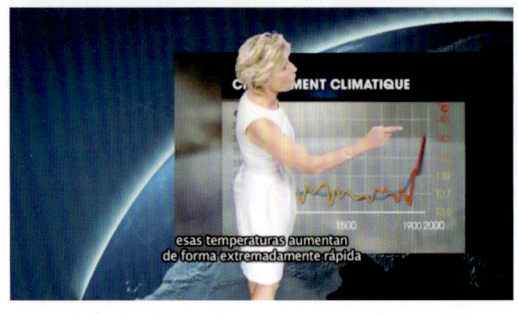

▲ 法国的"2050 年的天气预报"：气温急剧攀升，会重现甚至超越 2003 年那样的超级酷暑

▲ 坦桑尼亚的"2050 年的天气预报"：如果气候持续变暖，我们将很难再见到乞力马扎罗山上的雪，也很难再见到非洲草原上的狮子了

▲ 阿根廷的"2050 年的天气预报"：气候变化延续到 2050 年，南美粮仓"阿根廷的粮食可能减产 50%

▲ 泰国的"2050 年的天气预报"：气候变化意味着更容易中暑

▲ 越南的"2050 年的天气预报"：气候变化意味着经常被迫在船上漂泊

▲ 意大利的"2050 年的天气预报"：气候变化意味着水城将变成洪水城

▲ 俄罗斯的"2050 年的天气预报"：气候变化意味着在西伯利亚也会出现高温

▲ 挪威的"2050 年的天气预报"：气候变化可能使人们无法正常地滑雪

▲ 阿联酋的"2050年的天气预报": 气候变化意味着更多的沙尘

▲ 加纳的"2050年的天气预报": 气候变化意味着更重的霾

▲ 智利的"2050年的天气预报": 关注40℃以上的酷热

▲ 马达加斯加（左图）、菲律宾（右图）的"2050年的天气预报": 气候变化意味着更多的沿海预警

▲ 美国的"2050年的天气预报": 关注越来越极端性的天气将殃及各种热门赛事

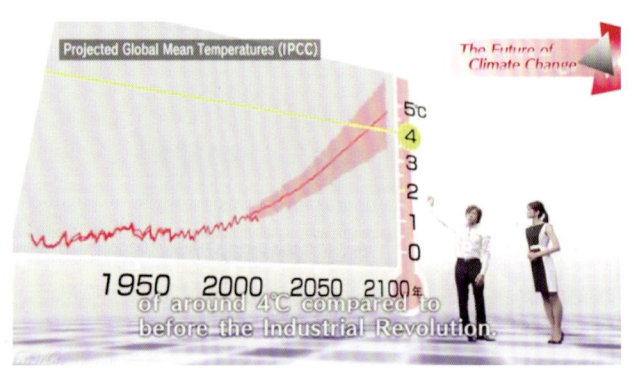

▲ 日本的"2050年的天气预报": 威风凛凛的"热带夜"。"热带夜"是日本独有的天气词汇，意指气温高于25℃、湿热如身处热带的夜晚。到了"热带夜"，就需要开空调睡觉了

气候变化虽是一个全球性的话题，但不同的国家对其有着不同的"敏感点"。某一件事，在一个国家，人们可以"秒懂"；而在另一个国家，人们却完全懵懂。由此可见，天气话题的表述并没有绝对的范式。聊"天"，也要契合文化传统。

▲ 2019 年，美国土拨鼠日代表在活动现场宣布土拨鼠的预测结果：春天将提前到来！

　　在美国，每年 2 月 2 日为土拨鼠日（Groundhog Day）。按照传统的说法，这一天土拨鼠爬出洞，如果看不到自己的影子（阴天），就认定春天要来了；如果看得到自己的影子（晴天），就会扭头去睡"回笼觉"，六周之后（相当于过了惊蛰）再出窝。于是，土拨鼠被视为春天的预测者。

　　每年的土拨鼠日都会吸引大批民众，各大电视台直播土拨鼠预测春天的"盛况"，天气节目也常常会以此作为谈资。有专业人士特地在宾夕法尼亚州的庞克瑟托尼统计土拨鼠的预报"业绩"，发现预报准确率只有 39% 左右。但喜欢这项传统的人们并不介意，因为土拨鼠使天气预报有了亲切的仪式感。

▲ 2018 年美国的天气节目，主播借用一则英语谚语来讲述近期的天气特点：3 月，来如雄狮，去如羔羊。就气候而言，3 月的天气本是一个由凶猛到温顺的过程。但当年的 3 月，却是来时已如羔羊

▲ 2014 年 12 月，中国台湾天气主播李富城借用天气谚语来解读天气走势，以及风向与寒暖、晴雨之间的相关性

　　而在中国，人们往往关注"熏梅染柳"，以梅花和柳条作为春天即将来临的物候标识；关注"桃始华，仓庚鸣"，以桃花开放、黄鹂歌唱作为春天正式来临的物候标识。

　　从前，预测天气和气候本是一种民间文化。在科学替代了其主体功能之后，人们往往用俚语、土话、旧俗来形容曾经的做法或说辞，也往往带有鄙夷和贬损的意味。其实，如果能够恰当地借用传统，科学与文化"同框"，或许会使天气信息更"接地气"，更有韵味，更容易"秒懂"，也就更具传播的延展性。

天气谚语是各个国家和地区民众从前观天测候所累积的原生智慧。科学属性的天气节目，需要体现对传统文化的汲取和兼容。

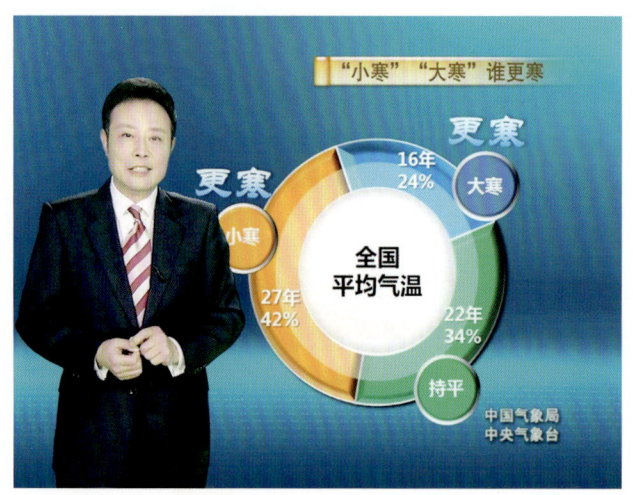

▲ 2016 年 1 月，我在《天气预报》中讲解小寒其实比大寒更冷

▲ 2017 年 4 月，在一年之中风最大的时节，我借用民间的"风力歌"进行提示：六级举伞步行难，七级迎风走不便，八级风吹树枝断，九级屋顶飞瓦片

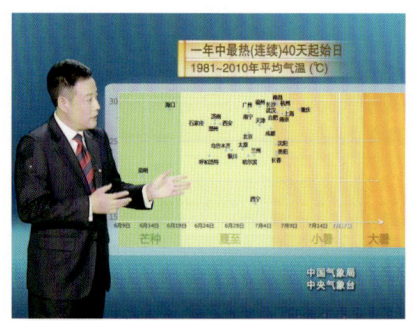

▲ 2018 年 7 月，我在节目中谈"数伏"

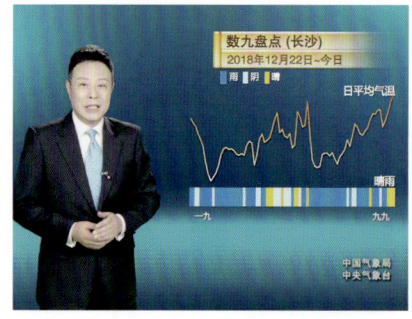

▲ 2019 年 3 月，谈"数九"

▲ 2019 年 3 月，我在节目中提示：北方即将进入火灾最高发时段，以对联的方式提示火灾风险：半炷香火能毁掉千顷林海，一支烟头会燃尽整片草原

对中国人而言，"数伏"和"数九"是大家"秒懂"的天气语言，可会意，却难翻译。

"数伏"，起源于公元前 676 年，是中国古代根据雨、热两个因素所划定的规避天气气候风险的特定时段。单纯从气温来看，并不是一年之中最热的（连续）30 或 40 天。

"数九"，是至晚起源于南北朝时期的民间"消寒"方式。"数九"数的也并不是一年之中最冷的（连续）81 天，它数的是结局，数完九，"寒尽春归"。

这些都是中国人从未疏远的天气文化习俗，在其中可以找到科学与文化可以互通的语言和思维。很多源于传统的天气气候词汇也已在科学的殿堂中"定居"，例如梅雨、龙舟水、桃花汛、回南天，等等。

当然，在受中国传统文化熏陶的区域，最具代表性的知识体系，还是二十四节气。很多节气谚语，就是特定时令的生活提示，比如到了秋季：立了秋，扇子丢；处了暑，被子捂。白露身不露。白露不露，长衣长裤。吃了寒露饭，不见单衣汉。

这些朗朗上口的方式，比起单纯的天气提示更容易被接受和记忆。

在日本，围绕夏季有两种最重要的问候，相当于请安，一种是"暑中见舞"（盛夏时），一种是"残暑见舞"（初秋时）。对于特定观众而言，这是暑热消退时节特有的一份贴心。

▲ 2008 年 8 月 8 日，日本天气主播皆藤爱子送上立秋次日的"残暑问候"

网络互动的内容和方式，也同样与本土的文化传统相关。

▲ 2016 年猴年，网友将我的头像做成这个样子，作为新年礼物

▲ 2019 年猪年即将到来之际，除夕《天气预报》的"出镜者"众多。我在微博中写了一句注释：左一是我。很多网友回复道：注释太重要了，你要是不说，我们真容易搞混！

▲ 中国天气频道的形象片头，"五行"版

天气节目可以找到很多依托本土传统文化的方式，使观众愉悦地意会，这是特定文化语境下的通俗化和感染力。

在 CCTV 天气预报节目中，天气每天变换，版面几经更换，主播逐渐替换。只有一项从未更改，那就是它的背景音乐：古曲《渔舟唱晚》。每次准备改版时征求观众的意见，对于背景音乐，90% 以上的观众都希望千万不要变。在很多观众的心目中，舒缓而悠扬的《渔舟唱晚》乐声是《天气预报》的神韵所在。在人们的潜意识中，似乎都可以听到它的回声。或许，《渔舟唱晚》是《天气预报》节目中唯一的文化级元素。

4.2   天气节目包装中的科技感和自然风

　　进入新的世纪，随着技术的进步，天气节目有了愈发强烈的美学诉求，着力于非内容属性的节目品质，并更好地服务于天气信息的呈现。

　　在这一过程中，最突出的变化是节目常规图形的风格化设计。而最流行的风格便是视觉元素中的科技感。

▲ 21世纪00年代西班牙的天气节目

▲ 21世纪00年代法国的天气节目

▲ 21世纪00年代加拿大的天气节目

▲ 2013年捷克（上图）和美国（下图）的节目

▲ 2013 年法国的天气节目

▲ 2013 年土耳其的天气节目

▲ 2013 年比利时的天气节目

▲ 2013 年德国的天气节目

▲ 2015 年荷兰的天气节目

▲ 2015 年美国的天气节目

▲ 2018 年马来西亚的天气节目

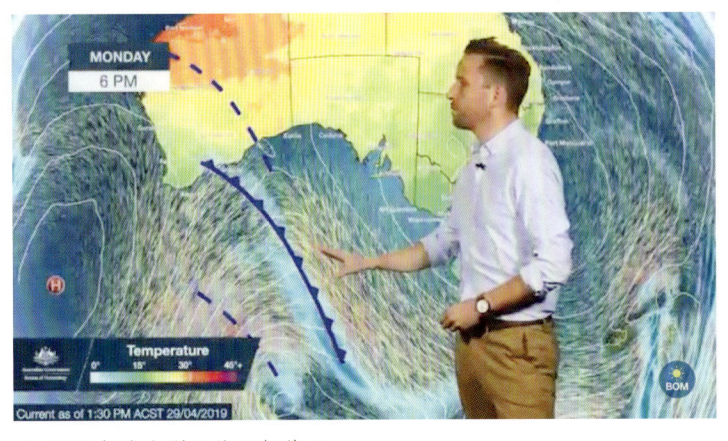

这其中，有的在渲染演播场景，有的在渲染由抠像到大屏幕的升级，有的在渲染地图以及天气图标的立体化，有的在渲染信息的叠加方式。

▲ 2019 年澳大利亚的天气节目

而在节目画面科技感整体提升的背景下，一些国家的天气节目乐于另辟蹊径，探索体现童趣甚至具有返璞归真意味的电视化表达。

▲ 2012 年英国的天气节目，融入了浓厚的童话元素

▲ 2013 年瑞士的天气节目，运用了卡通风格的天气图标

▲ 德国的天气节目，展现了清爽的自然风

自然风，是对天气所造就的风光、气候所孕育的风物的一种美学表达，也是人们内心对于外部世界的一种理想化。人与自然和谐相处的最高境界，便是"天人共好"。人们希望天气节目不仅具有预知价值，也能具有审美价值，节目画面能够因悦目而怡情。

▲ 英国的天气节目，运用了具有绘画感的视觉设计

▲ 泰国的天气节目，预报版面洋充满了低纬暖湿气候的自然风

▲ 蒙古的天气节目，预报版面洋溢着高纬寒旱气候的自然风

▲ 南非的天气节目，衬底画面展现了气候与风貌的多样性

▲ 2019 年英国的天气节目

▲ 2019 年德国的天气节目

很多国家的天气节目，开场的第一幅画面，便是映衬着实时天气的外景画面。很多人都说自己是"户外人士（Outdoor People）"，在现代的城市化社会，对于自然田园，人们往往是"虽不能至，心向往之"，他们希望在天气节目的画面中，能看到他们的诗和远方，也能唤起和纾解他们的乡愁。

在韩国的天气节目中，衬底画面则洋溢着体现时令物候的自然风。

▲ 21 世纪 10 年代韩国的天气节目

　　或许，科技感和自然风，是天气节目画面最具代表性的两种美学定位。而这两种定位也同样体现在节目片头的视觉风格上。近年来，很多国家的节目片头也主要是两种风格：一种是力图凸显气象预报信息的科技含量和节目创作的环境氛围。一种是力图凸显天气与自然风貌的融合。这是两种迥然不同的诉求：一种是节目的科技属性，一种是节目的自然属性。

　　在 20 世纪 90 年代前后，很多国家的天气节目侧重于追求节目视觉上的科技感，而进入 21 世纪 10 年代，自然风则更为流行。不同年代的节目画面，有着不同的时尚痕迹。

　　下面我们浏览几个国家和地区的节目片头。

▲ 韩国的天气预报节目片头，以自然风光为基本元素

▲ 英国 BBC 的天气预报节目片头

▲ 美国 CNN 的天气预报节目片头

▲ 韩国 KBS 的天气预报节目片头

▲ 美国 ABC 的天气预报节目片头

▲ 瑞士德语广播电视（SRF）的天气预报节目片头

▲ 德国中德广播公司（MDR）的天气预报节目片头

▲ 湖南经视《经视气象站》片头

▲ 湖南卫视《卫视气象站》片头

▲ 北京卫视《天气预报》片头

▲ 中国台湾中视气象台的天气预报节目片头

▲ 安徽影视频道《天气预报》片头

◀ 美国天气频道 20 世纪 90 年代（左
图）和 21 世纪 00 年代（右图）的
频道形象展现及主题语

◀ 美国天气频道 21 世纪 10 年代的频
道形象展现及主题语，一览无余地
体现了其凸显自然属性的定位

◀ 美国天气频道中的自然风：将实时
的天气或物候作为实况及预报信息
的衬底画面

　　我们的《天气预报》，最初的片头设计一直围绕着三个元素：一是地球，二是中央气象台大楼，三是气象卫星。体现的是节目的关注视野，以及节目的科技含量。

　　2002 年时，我产生了一个愿望，希望有所改变，希望孩子们从喜欢《天气预报》的片头开始，喜欢《天气预报》。后来，彰显风物美感的四季片头终于成为孩子们心目中关于季节的"动画片"。再后来，听到很多观众说起，一到晚上七点半，孩子就嚷嚷"bàobao"，起初家长以为是孩子求"抱抱"，结果发现孩子求的是"报报"。于是，"报报"就成了天气预报的一种昵称。

▲ CCTV《天气预报》2009 年开始启用的"四季版"节目片头

　　2003 年初，在构思中国中央电视台财经频道（CCTV-2）《第一时间》的天气预报版块《第一印象》时，我借用诗人舒婷《致橡树》中的一句诗：我们分担寒潮、风雷、霹雳，我们共享雾霭、流岚、虹霓。

　　我将其浓缩成八个字：分享阳光，分担风雨。我希望它能够成为我们节目的精神气质。

　　每天的天气在变，但节目片花播出时主播建华的画外音"分享阳光，分担风雨；第一时间，第一印象"一直未变。对于很多早起的观众，这段画外音似乎有一种洋溢着温情的唤醒感。其实，天气节目的画面风格，也是节目品格的一种定义方式。

4.3　极简主义

　　我们常常感怀古人"山中无历日，寒尽不知年"无刻度的时间，常常羡慕古人"抱琴看鹤去，枕石待云归"慢节奏的闲情。

　　信息时代，从电视的大屏幕，到手机的小屏幕，我们常常感觉被各种信息包围着、裹挟着。超然于信息之外，甚至成了人们的一种心灵度假方式。以往人们熟悉气压、血压，现在开始逐步熟悉"信息压"。人们对某种信息的注意力，也就渐渐变成了一种奢侈品。天气信息的推送者们需要前所未有地对人们的注意力给予尊重。

▲ 美国天气频道高效能信息输出的天气节目

　　美国天气频道体现了信息输出的至高效能。多窗口的情节推演，多通道的信息滚动，以及信息属性的本地化，在高影响性天气预警时段，形成了几乎没有盲区的信息供给网。

　　但在通常情况下，天气节目或许也需要思考如何使观众不为信息所惑，不为信息所累。在天气节目或天气频道所构建的信息"超市"中，也需要重新审视"商品"的过量堆积和过度包装。

　　我们可以对比两个熟悉的画面，或许不尽恰当，但它们代表了画面信息容量的极致化反差。

▲ 天气"宜人"之时

▲ 天气"虐人"之时

这两个画面都有其合理性，天气的差异使然。

在不同天气背景下，天气节目需要恰当地根据人们的需求和喜好，找到丰富与简约的平衡，减少人们过度的信息"消费"，降低人们所承受的信息压力。

我们常说，天气信息要及时、准确，但传统意义上的普适性信息如何通过特定媒介进行"分拣"，拆解出特定受众的专属性信息，并以最简洁的方式进行呈现，成为一个新的命题。

在一些国家的天气节目实践中，节目创作者尝试着信息内容和节目包装两个方面的简约化。

▲ 比利时的天气节目

▲ 韩国的天气节目

▲ 巴西的天气节目

▲ 美国的天气节目

▲ 罗马尼亚的天气节目

▲ 秘鲁的天气节目

▲ 捷克的天气节目

▲ 新西兰的天气节目

再以德国的几组天气节目为例。

▶ 2015 年的天气节目，主播以手写体完成天气信息的视觉呈现

▲ 2012 年的天气节目

▲ 2019 的天气节目

▲ 2019 年的天气节目，开场和结束的画面，视觉元素十分简约

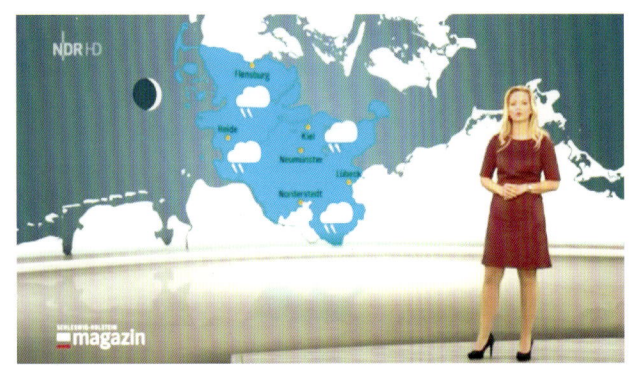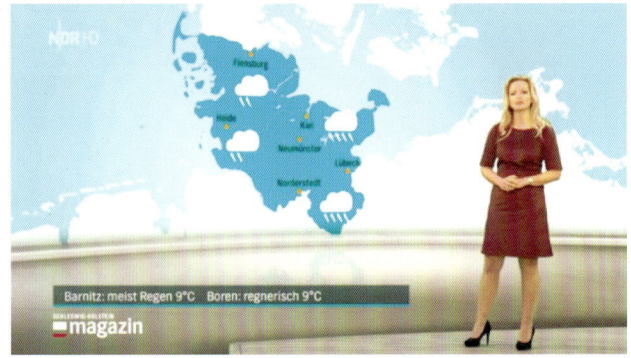

▲ 过程画面中只有四个天气图标，昼、夜时段主要以海洋区域的颜色进行区分

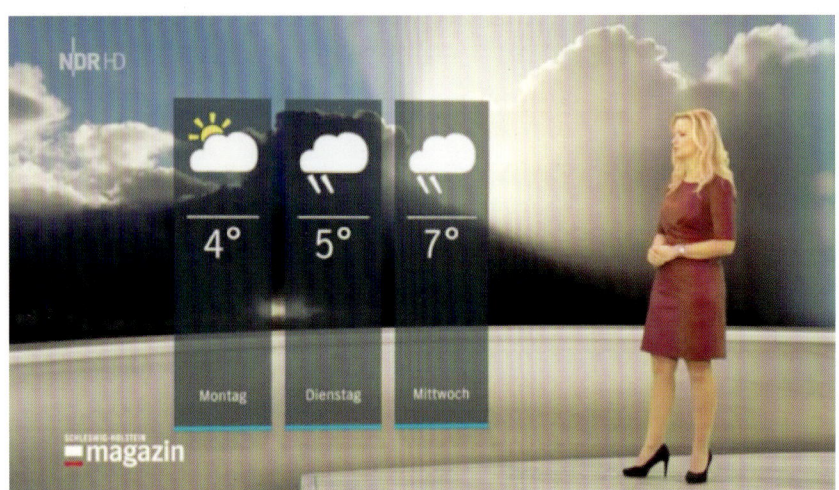

▲ 本地天气的图标更是体现了画面元素的极简诉求

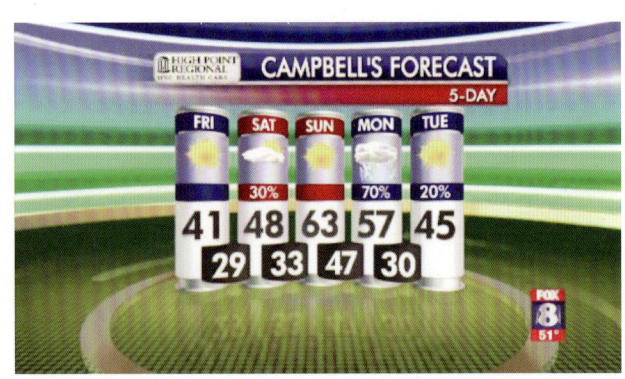

▲ 这与很多常见的预报版块的视觉设计风格有着鲜明的差异

　　在不少国家的天气节目中，即使不是"极简"，也是"就简"，为画面元素做减法。

　　减少冗余，减少雕琢，减少多通道信息，减少压迫式信息输出。因为过多的内容、过繁的物状、过快的节奏，都可能造成观众对于信息的烦躁感以及不良的收视体验。因此，天气节目需要善于将复杂的问题简单化，"大道至简"。

4.4 天气节目由话题组成

客观而言，美国的天气节目是引领者。其对全球天气节目的贡献是多方面的，尤其是节目形态方面的贡献，比如以灾害性天气现场直击为代表的户外报道，比如以虚拟现实技术为代表的"大片儿"式的气象科普，再比如天气与新闻栏目中的话题贯通。其中，新闻主播与天气主播之间的对话机制，将天气被梳理为一个个贴近公众感触的话题，使天气预报易于理解，便于应用。

天气题材的对话方式，是美国天气节目的一大特色，是从前坚守者寡，后来效仿者众的特色。

▲ 20 世纪 90 年代美国的天气节目

我们可以看到，天气主播从自己监测和预报天气的工作间里走出来，来到两位新闻主播的身旁接受提问。

新闻主播会根据自己对天气的体验，或者公众关注的热点，向天气主播抛出问题，于是进入第一轮讲述天气的时间。

但针对天气主播的讲述，新闻主播还可以进行补充、质疑，或者话锋一转，引出新的问题。天气信息就在这多轮次的互动中进行延展。在话题的转接和递进中，主播们将天气信息"抽丝剥茧"。这基本上就是美国常规天气节目的既定"套路"了。

除了已知的重大天气事件，一般话题都是从本地的实况开始的。直播的优势往往就在于从共同经历的真实的"此时此刻"聊起。

▲ 20 世纪 90 年代美国的天气节目

▲ 21 世纪 10 年代美国的天气节目

　　由"此时此刻（Right Now）"起始，再到"未来变化（What's Coming）"是美国天气节目的一个特征。基于实况，解读未来将发生的变化。一切都是在与此刻的对比中看出变化。

　　在 20 世纪 90 年代初，各国同行们其实对这样的对话式讲述，内心并未完全接受，所以最初几年的评选中，美国的天气节目很难名列前茅。因为既然是对话，就难免会有"水词儿"，会有话题转接时的拖沓，还有插话时的声音重叠，不像传统的单人播报的天气节目那样语言凝练而紧凑。但逐渐地，这种形态的节目多起来了，包括我国的一些天气节目，也包括越南、蒙古等发展中国家的天气节目。

　　当然，这样的节目需要灵活的节目时长，与新闻的紧密衔接，以及电视新闻节目中主播之间对话的家常化氛围。主播之间不能是你播你的，我报我的，尽管都同时端坐在主播台后，但好像谁也不认识谁。

▲ 美国的天气节目，在主播间对话的过程中，有不同景别的变化，使节目产生紧凑的节奏感

　　而且，因为是带着特定的问题进行讲解，所以天气主播的表述逻辑非常清晰，指示性的肢体语言也动感十足，要让提问者听明白，看清楚。在指示的过程中，伴随着"走位飘忽"的天气系统的移动轨迹，主播的动作往往大开大合。经常有踮脚、屈膝、俯仰，以及大幅度的移位，甚至偶尔讲着讲着退出画外。

　　观摩这样的天气节目时，我常常想给他们的动作配上另外的解说词。

▲ 不许动！　　　　　▲ 再动我就开枪了！　　　▲ 我摘了朵云彩，你要不？　▲ 这个飓风眼，像不像罗
　　　　　　　　　　　　　　　　　　　　　　　　　　　　　　　　　　　　马的"真言之口"？

　　在各种电视节目中，天气节目是相对严肃的。但采用对话方式，便使天气节目有了轻松的聊"天"氛围。

▲ 主播们轻松地聊着"天"

　　主播们可以在同一空间，也可以在不同空间直播对话。有的是一个主播提问后，另一个场景中的主播直接讲给提问的主播听，画面中可同时看到两位主播。有的是一个主播提问后便切换场景，由切换后场景中的另一个主播直接讲给观众听。

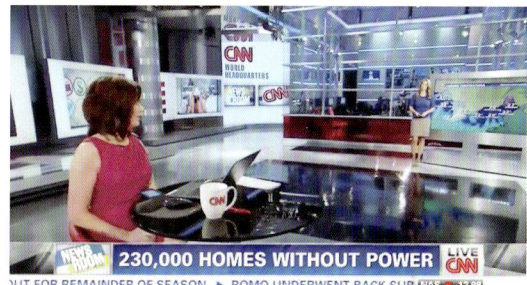

▲ 2017 年美国的天气节目，聚焦飓风"艾玛"

　　不过，原来主播间的聊"天"，还只是天气主播与一个或者两个新闻主播对话，但 2010 年以后，对话的阵容变得越来越"豪华"。

▲ 2013 年美国 ABC 的早间节目《早安美国》

于是，除了新闻栏目中的天气版块以及新闻中衍生的天气话题，天气主播也需要参与到其他版块的互动交谈之中，其角色不再纯粹和单一，天气与新闻、与日常生活如何进行巧妙的结合，这对天气主播提出了更高的要求。

再举一个美国 ABC 的节目个例。2013 年 12 月 13 日，ABC 为做了 25 年天气主播的 Sam Champion 推出了一期特殊的告别节目。

从对 Sam 25 年天气节目出镜生涯的回溯中，我们可以看出，一位天气主播需要驾驭不同节目类型和不同天气题材的多种对话。有些是在灾害性天气的现场与新闻主播进行连线对话，有些是在演播室现场与新闻主播进行面对面的问答式对话。把天气信息分解成主播间对话的一个个话题，或许是媒体对传播型气象专家的核心要求。

4.5 "呆萌"风格

日本的天气节目具有非常浓厚的本土特色。先说两个细节吧。

细节一：播报天气的开始和结束，都有十分恭谨的礼仪。

▲ 讲解开始之前，先向观众鞠躬致意

▲ 从画面一侧开始讲解，有时也会走到画面中央

▲ 讲解结束之时，主播会退至画面边缘，颔首低眉，鞠躬道别

◀ 20 世纪 90 年代日本的天气节目中，主播在节目首尾的鞠躬幅度通常为 30°～45°

而在泰国、柬埔寨、斯里兰卡等国的节目中，主播在开场和结束之时是双手合十的致意方式。

◀ 2012 年泰国的天气节目

▲ 2014 年，在泰国"2050 年的天气预报"专题节目中讲述天气的一对孪生姐妹

细节二：日本是目前唯一的天气主播在讲述天气时手里还拿着指示杆的国家。

其实，天气主播手持指示杆讲述天气的方式曾经流行于很多国家，我国是从 1993 年至 2001 年在节目中手持指示杆。网友们经常这样说："如果你还记得天气主播手里拿着'棍儿'，就暴露年龄了！"

▲ 美国 1974 年的天气节目，那时美国的主播也手持木棍儿。另外，那时他们就开始尝试未来 5 天的逐日预报了，但只属于"仅供参考"的程度

▲ 日本天气主播佐藤公俊在节目中手持指示杆，有时像在玩打击乐器

▲ 2018 年日本 NHK 的节目

▲ 相比之下，女主播的指示杆会显得艳丽一些，并且会与服装的颜色相搭配。这也是日本天气节目一种很独特的"副语言"

　　至于为什么要有这一项独特的坚守，我特地与日本的天气主播进行过探讨。梳理一下，大概有这么四个理由。

　　理由一：这是一项传统，观众已经习惯了这种方式，总觉得手势不如指示杆指点得精准、确切。所以用指示杆，是出于尊重观众的惯性诉求。观众心态决定节目形态。

　　理由二：运用抠像合成方式时，主播背后只是一面绿幕，用指示杆会有一种真实的触及感。

　　理由三：如果主播背后是大屏幕，指示杆可以方便主播在屏幕上进行功能切换。

　　理由四：还有一个是我万万没想到的理由。因为……猫特别喜欢指示杆，看节目的时候会去抓画面中的指示杆。人们将主播手里的指示杆戏称为"逗猫棒"。在网上，我们可以搜到很多图片或者视频，猫随着指示杆的运动而伸手或跳跃。

　　因为在日本这种老龄化社会，老人往往通过养猫排遣孤独。猫对指示杆的偏爱，保障着天气节目的收视率。

在日本的天气节目中，我们还可以看到一种鲜明的画面风格，就是动漫形象的运用，天气符号、图标以及气候现象的拟人化表达。

◀ 日本NHK的天气节目，四季的拟人化卡通形象，而代表春天的"春子"（"春姑娘"）尤其受到人们的追捧

◀ "春姑娘"在不同天气环境下有形象上的各种变化

日本的天气节目不仅有季节的拟人形象，如"春姑娘""冬将军"，台风、梅雨、酷暑都有各自的"形象代言人"

卖萌，是一种很有趣的文化现象（卖萌一词就源自日本）。发达的动漫文化渗入天气节目之中，算是一种既时尚又本土的文化特色。

通常看来很严肃的天气节目，渐渐有了浓郁的"萌化"之风，甚至一些"偶像派"的主播们也都有了自己专属的动漫形象。

▲ 日本天气主播柏木由纪的卡通形象

▲ 日本天气主播丰崎爱生的卡通形象

天气节目制作团队还创作了气象卡通片《气象岁时记》（通常是每周一篇），进行天气、气候的科普，作为天气节目的一项增值服务。

▲ 2012 年谷雨时节的《气象岁时记》

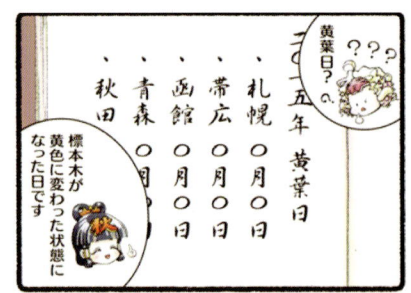

▲ 2015 年霜降时节的《气象岁时记》

即使是常规天气节目中的科普，也往往是卖萌风格的。

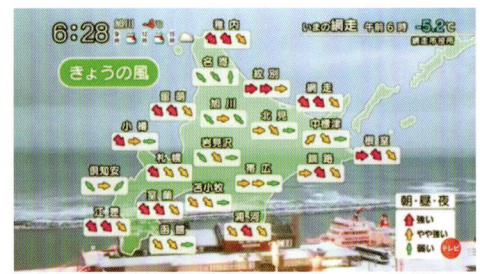

▲ 常规天气节目，天气主播以卖萌风格进行科普解说

▲ 2018 年日本的天气节目，风力、风向预报颇具卖萌意味

　　而在科普或生活提示的段落，常常会将节气、气象谚语、俳句以及源于民间的一些天气俚语应时融汇到节目之中，以贴近传统文化。

　　例如"春一番"（春 N 番，意为立春和春分之间，第 N 轮猛烈的温暖南风）、"若叶寒"（植物新绿时的寒冷）、芒种时节的"梅雨寒"、初冬之时的"小春日和"（相当于我们的"十月小阳春"）、隆冬之时的"寒之内"（通常指小寒、大寒时节）、阳春时节的"山微笑"、盛夏时节的"山滴露"、仲秋时节的"山化妆"、深冬时节的"山入眠"。

　　一些形容温度的说法，也已经成为专业领域与民间相通的词汇。例如"冬日"（最低气温低于 0 ℃）、"真冬日"（最高气温低于 0 ℃）、"夏日"（最高气温达到 25 ℃）、"真夏日"（最高气温达到 30 ℃）、"猛暑日"（最高气温达到 35 ℃），等等。

日本的天气节目给人留下的另一个深刻印象，是手工制作的各种道具。

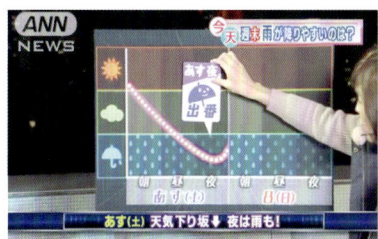

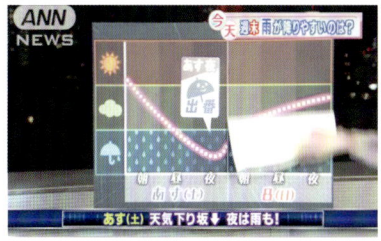

▲ 以贴卡片的方式进行天气概括和提示。紧接着，撕下信息板中的另一半，使人们的视线容易聚焦在每一段落需要讲解的内容之上

▲ 然后，再在相对精准的地形图上，标注相关区域的具体天气状况

先以"古朴"的方式概括趋势，再以科技的方式呈现细节，一种是"写意"，一种是"工笔"，仿佛是一种很自然"混搭"。

明明有先进的数据合成技术完成天气数据的画面呈现，但一些天气节目却反其道而行之，采用颇具匠心的手工道具进行天气数据的现场演示。

有了科技感很强的图形系统之后，传统的方式并未被淘汰。有些节目段落，不仅有手绘的天气板，主播还用吸铁石把天气符号粘贴在天气板上，讲一个粘贴一个。有些节目，还采用手绘的各种天气板，主播以手动抽拉的方式逐一讲解，这本是电脑图形系统诞生之前的"原始"讲解方式，但它很有质感，有一种贴近生活的返璞归真感。

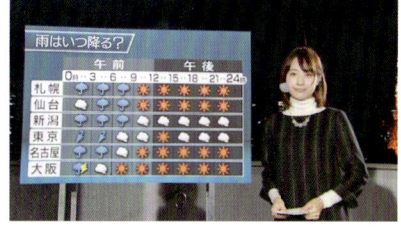

无论是动漫图形还是手绘图形，都不同于通行的电脑化的实况和预报信息图形，它并非系统自动生成和渲染，往往是特定性创作甚至一次性使用。在高度自动化生成的制作背景下，动漫及各种"原始"道具的运用，实际上显著提高了节目制作成本。但在竞争激烈的情况下，单纯的集约化工业生产节目的方式，似乎并非唯一选项。

2000 年以后，日本天气节目中最具话题性的变化是美女主播的增多。

▲ 以天气主播为封面的各种画报　　　　▲ 日本天气主播长野美乡

日本朝日电视台 2013 年 4 月推出晚间时段电视剧《天气姐姐》，以美女天气主播的工作作为主线。可见偶像派天气主播题材所具有的票房号召力。

▲ 电视剧《天气姐姐》

在日本，每年都有一个"最受欢迎的天气主播"的排行榜，长野美乡曾两次位列榜首。

日本学者桥本隆则 2011 年在《日本正在流行美女天气主播》一文中提出这样的观点：

在日本，从前，女孩子的偶像职业是空姐。但 20 世纪 90 年以后，女孩子的偶像职业已经变成了天气主播。

超高人气的美女天气主播在电视中的出现，使电视节目具有了唤醒和宽慰的功能，男人们会在早晨高高兴兴地早起和出门。

在日本，谁可以在电视上做天气主播呢？

从理论上讲，谁都可以，"英雄不问出处"。只要你通过了"气象预报士"的考试。

从 1994 年起，日本建立了"气象预报士"的考试制度。而这个考试，相当于全民"海选"，谁都可以参加。通过考试，获得"气象预报士"资质的年龄最小者，是一名只有 13 岁的初中学生。

▲ 在日本，书店里有很多"气象预报士"考试的辅导书

我拍完这张照片后，把这些书都翻阅了一遍。其涵盖的内容不只是天气预报，说明"气象预报士"需要掌握包括天气原理、气候背景、民间智慧等广义的气象内容。

目前日本总共有将近一万名"气象预报士"，其中只有31%的人从事的是与气象有关的职业。面向全民的"气象预报士"考试，提高了公众对于天气、气候的认识。

那么，如果没有通过"气象预报士"，可以担任天气主播吗？

也可以。但有一个清晰的界定：通过考试的专业主播可以进行天气评述和解读，可以说"我判断""我个人认为"等。而未通过考试的非专业主播，只能原文播报预报内容，不能发表个人见解。但很多电视台还是愿意聘请美女主播，是不是具有专业知识的"气象预报士"倒在其次。因此，虽有"气象预报士"制度，但很多天气主播其实都是没有气象专业背景的收视率"援军"。

▲ 美女天气主播森田美位子在按照提词器播报天气

▲ "声优"主播丰崎爱生按照文稿进行天气播报

在收视衰败的背景下，是专业第一，还是"颜值"第一，这确实是一个大问题。

在节目的运行实践中，往往采取的是美女播报、专家解读的两种并行的常规模式，既要坚守收视率，又要坚守天气信息的专业属性。在很多人看来，有气象相关学科背景的"专业美女"或许是最理想的人选。

4.6　是不是"颜值控"？

　　说起韩国的天气预报，网友们往往有两句话，一句是："韩国的天气预报也不太准啊。"这一个"也"字令我们感慨良多。另一句是："韩国的天气预报只用一句话就够了，明天全国有雨，天气预报播送完了。"

◀ 韩国的天气节目，字幕提示：周二至周五晴朗干燥，周六、周日全国下雨

　　韩国的天气预报当然不是一句，韩国的天气其实也很复杂。

▲ 韩国的天气节目，播报不同的天气状况

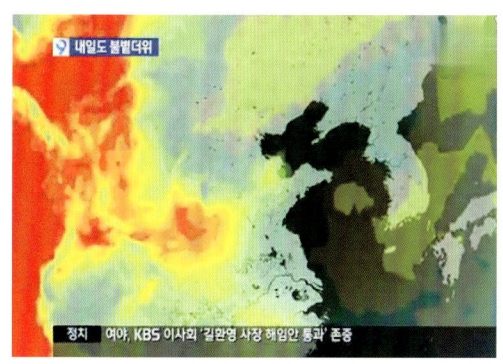

▲ 韩国的天气节目

韩国的天气预报，通常不是独立的节目，而是新闻节目中的一个版块。新闻节目中往往也都会有关于天气的报道和分析，所以天气预报版块主要讲述实况和预报的具体结果。

对于中、日、韩的天气预报节目，有网友吐槽说，中国的节目主要是看天气，日本的节目是边看天气边看人，韩国的节目主要是看人。有人甚至认为，韩国的天气预报节目似乎是一种选美比赛，是对节目视觉的"颜值控"。

▲ 2014 年韩国 KBS 新闻节目中的天气版块

说韩国的天气节目是"颜值控"，或许主要体现在两个方面。一方面是天气主播的"颜值"，另一方面是天气图形的"颜值"。

但在 20 世纪 80 年代和 90 年代，韩国的天气节目尚未表现出"颜值控"的倾向。

▲ 1987 年韩国 MBC 的天气节目

▲ 1996 年韩国 KBS 的天气节目

那时的天气主播还是以男性为主。但 2010 年以后，男性逐渐退出天气节目主播台，韩国的天气主播已经完全实现了"美女化"，成为 100% 的"女性职业"，这算是一种极致化的本土特征吧。

▲ 在新闻栏目中，男性的气象专家分析天气形势或天气原理的画面，也往往是以画中画的方式加以呈现

在新闻栏目中，天气新闻的即时解读、深度分析由气象专家担纲，这使得天气预报版块无须承担延伸分析职责，天气主播只要讲述相对常规的实况和预报结论即可。

常规的天气节目一般包含以下内容。

▲ 户外报道与实况介绍

▲ 卫星云图或雷达回波的实时监测

▲ 醒目的字幕提示

▲ 单点、区域、全国的短期预报

▲ 未来4~7天的天气趋势

以 2012 年 9 月 7 日韩国 KBS-1 的天气节目为例。

▲ 以气温走势的对比开场

▲ 然后是气压场、卫星云图，呈现宏观的天气实况

▲ 最后是未来 6 天的趋势预报，对天气的转折时段都做了清晰的标注

▲ 提供本地及全国的短期预报

▲ 在韩国的天气节目中，主播通常"左右开弓"，体现出轻盈的动感，也彰显着容颜和身材的美感

　　韩国天气节目中"颜值"导向的另一个特点，就是节目画面与实时天气和时令物候的高度契合。

▲ 在节目画面中，作为背景的景物便是时令物候。而天气主播的着装，或许可以是很多女孩子的"穿衣指数"

▲ 夏天还好，只是冬天主播们的"穿衣指数"，大家实在不敢效仿

附录 1
世界气象组织希望天气信息传播者做什么？

2014 年 7 月，世界气象组织（WMO）出台了针对天气信息传播者的指导性规范《天气主持人和气象传播工作者能力要求》，内容包括三大类 23 条意见。虽然是非强制性规则，但对于电视媒介中的天气信息传播者而言，这是极具原则性的"顶层设计"。

《天气主持人和气象传播工作者能力要求》
（"Competency Requirements for Weather Broadcasters and Communicators"）

第一类　口语、写作和气象图形交流

▲ 使用通俗而简洁的标题《致死的、杀手级的炎热天气》，使人立刻心领神会

◀ 字幕提示：5 月像 8 月的天气（August in May）。不过天气节目中最常说到的还是 3 月像 5 月的天气（May in March）。在气候变化的背景下，炎热的天气总是提前到来

1. 在天气节目中体现对于用户的了解（Shows an awareness of the range of users reached through media forecasts）。

2012 年 7 月，日本九州地区遭遇特大暴雨。由于很多偏远地区的民众没有理解预警中使用的专业术语，未能及时撤离，造成 30 人死亡。

民众抱怨，日本气象厅发布的预警往往是混杂了大量专业术语的长句子，对专家而言是严谨的，对民众而言是难懂的，容易造成误解或疏忽。

这一事件使日本媒体和公众加入了气象预警该如何措辞的大讨论。日本气象厅因此改进了气象预警的表述方式，使用浅显的、容易引起警觉的语言。

越是高等级的预警，语言要越简练、越通俗、越不能含糊、越要"去术语化"。而这一切，是基于对用户的理解。

2. 对即将到来的天气可能会对用户生活产生的影响表现出理解和关切（Demonstrate understanding of the likely impact of upcoming weather on users and their activities）。

我把这项理解为同理心。

举一个我亲身经历的例子。2006 年 4 月 17 日，沙尘肆虐北京。那一天，我受命奔波于各个媒体进行同步直播互动。在长时段的直播过程中，不仅要描述实况，还要进行延伸性解读。在临近尾声时，我随手拿起一页备播资料，讲述沙尘暴其实也是具有一定好处的。这段讲述很快引发了众多网友的质疑，并成为次日的网络热门话题。

固然，我们不能"脸谱化"地看待沙尘暴，但在人们遭遇沙尘困扰之时，你却欣欣然地历数沙尘暴的益处，这是缺乏同理心的表现。即使再"宽厚"地为我打圆场，这也是在错误的时间，说了看似正确的话。

2018 年 4 月 4 日夜晚，北京迎来一场降雪，这也是自 1988 年之后北京的首场"清明雪"。在人们惊叹之余，有专家在接受采访时表示，从气候上讲这场雪属于正常现象。这一说法，同样引发了网上大量的"吐槽"。很多年轻人说："这是我有生以来第一次看到清明还下雪，这怎么是正常现象呢？"

与公众感触严重脱节的专业标准，往往成为人们热议和"炮轰"的"槽点"。

3. 能确定天气事件中的关键点，并且
将之连贯地叙述或展现出来（Can identify
the key points in a weather story and
develop these into a coherent narrative or
presentation）。

▲ 2015 年，美国 KELO-TV 首席天气主播 Jay Trobec 借助演播室窗
外的实况讲述积雨云的演变

▲ 2013 年，天气主播 Jay Trobec 通过雷达回波，提示强对流天气影响的关键区域

4. 在节目中清晰、自然地表述天气事件，语法正确、有节奏感地传递信息（Is capable of articulating
the weather story in clear and natural language using correct grammar, and achieving a well-paced
delivery of information during weather broadcasts）。

5. 能为节目准备好有效的、直观的天气图形，来从视觉上展现天气事件（Can prepare effective
weather graphics that visually communicate the weather story）。

◀ 2017 年，北京广播电视台新闻频道
（BTV 新闻）天气主播张崇伟结合
天气形势进行分析：在双台风"纳
沙""海棠"背景下，副热带高压被
逼退，冷暖气团在华北交汇，强对
流天气的风险陡然提升

6. 能用观众和听众可以理解的语言来阐明预报中不确定性的概念（Is able to communicate the concept of forecast uncertainty to viewers and listeners in terms they can understand）。

▶ 中国台湾资深天气主播任立渝先生2012年曾指出：特别是台风预警，一定要口语化，语言不能过于"制式"。而当路径预报存在不确定性时，也要把话讲清楚。预报机构，要从如何减少误解这个出发点来重新审视既有的预报语言（左图）

2014年（右上图）和2015年（右下图）美国NBC-6的天气节目，主播John Morales讲述台风路径的不确定性 ▶

7. 清晰、有效地传达出气象、水文灾害的预警信息，同时给出恰当的应对措施（Presents warnings of meteorological and hydrological hazards clearly and effectively, including information on possible mitigating actions where appropriate）。

▲ 2018年美国天气频道的科普节目，演示不同等级的洪水预警意味着什么。这个系列的视频在互联网上广受赞誉，这是对预警信息内容经典的可视化表达

◀ CCTV-2的天气节目，主播徐丛林讲述台风的成因及如何保护自己

8. 对记者和其他媒体从业人员的传播职业环境表现出理解（Demonstrates an understanding of the working environment of journalists and other media professionals）。

9. 可以对外部机构和公众进行气象、水文主题介绍（Creates and delivers presentations on meteorological and hydrological topics to external agencies and to the public）。

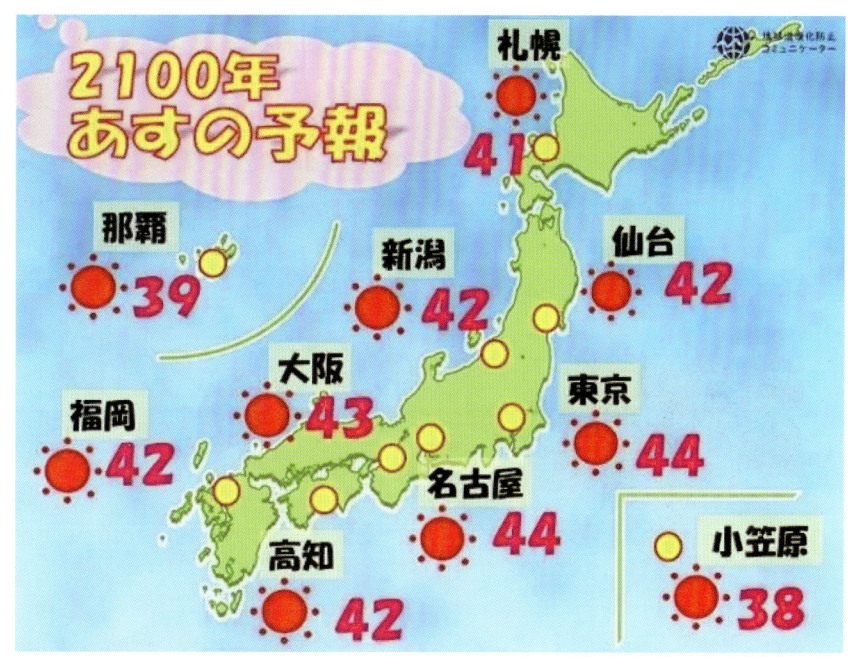

▲ "2100 年的天气预报"作为日本环境省主导的防止地球温暖化项目"很酷的选择（Cool Choice）中的一环，是为了科普气候变暖的影响和对应方法而制作的影像资料。以一种新闻节目风格的动画来显示，并且请天气主播来模拟播报 2100 年日本全国的天气

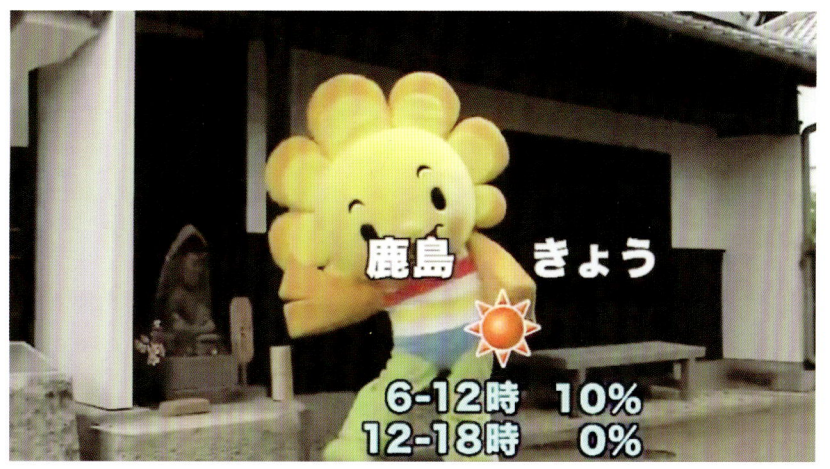

▲ 日本专为孩子们创制的儿歌式《天气预报》

10. 有能力针对包括小朋友和同行在内的各类人士准备并传达具有教育意义的内容（Is capable of preparing and delivering educational material to a wide range of audience, from children to fellow-professionals）。

第二类　有效利用工具和系统

1. 全面认识和理解天气节目中常用技术工具的适用范围和功能，如个人电脑、服务器、调音台、扩音器、照相机（Exhibits a thorough knowledge and understanding of the function and, where appropriate, operation of the different technological elements (PCs, servers, mixers, amplifiers, cameras, etc.) commonly employed in weather broadcasting）。

2. 全面了解制作天气公报的图形软件包，开拓这方面的知识（Displays a thorough knowledge of the weather graphics software packages used to prepare weather bulletins, and an ability to exploit this knowledge effectively）。

3. 基于现有的环境，使用恰当的常规图形（Applies routine production protocols appropriate to the service provision environment）。

◀韩国的天气预报节目，以画面元素来烘托强降水的可能影响

4. 在奉行宏观编辑方式的同时，为天气公报设计和整合新的图形元素（Designs and incorporates new graphic elements into a weather bulletin while maintaining alignment with broader editorial policies）。

◀2018年日本的天气节目，天气图形中不仅有气温预报，还有与前一日相比的变幅，方便人们一目了然地知晓当天的气温是升了还是降了

第三类 自我管理和团队协作

1. 了解适用于天气节目的编辑方式，能够针对天气变化等情况随机应变地发展和调整编辑方式（Has knowledge of the editorial policy applied to weather broadcasting, and is capable of developing and proposing revisions to such policies in response to changing circumstances, both meteorological and otherwise）。

◀ 在时间急迫的情况下，天气节目可能是以最简单的方式进行传播

2. 能够可靠并准时地按照节目流程完成天气预报服务（Delivers weather broadcasts reliably and on-time in accordance with broadcast schedules）。

3. 在涉及恶劣天气预警和公众安全服务提示等相关方面的内容时，实现"唯一权威的声音"（Implements, where relevant, the "Single Official Voice" policy in respect to warnings of severe weather and other public safety messages）。

节目或主播可以提取重点或亮明观点，但不能擅自发布预警式信息，这是很多国家和地区气象法规所共有的底线。预警发布属于政府相关机构的权限。"唯一权威的声音（the Single Official Voice）"，也被大家简化为"唯一的声音（the Only Voice）"，换句话说，关于天气，是"平时随便聊，预警听官方"。

在某些国家或地区，因为某位主播 XXX 喜欢过早发布过于"惊悚"的天气信息，引发恐慌，于是人们将禁止个人发布预警式信息的法律条款戏称为"XXX 条款"。

4. 对外展现的形象能提高各国气象和水文部门以及天气主播的品牌价值，并且不应贬低或违反天气节目的基本定位（Presents an appearance which enhances the brand value both of the NMHS and the broadcaster, and does not detract from, or conflict with, the proper tone of the weather message）。

▲ 2005 年的美国电影"天气预报员（Weatherman）"，戏剧化地展示了一位天气主播

5. 自信地展现个性，让天气预报更具权威感（Exhibits the confidence to express personality in a manner that facilitates the authoritative delivery of the weather forecast）。

▲ 美国天气主播 Paul Gross

▲ 加拿大天气主播 Patrick

以上二图中的两位是高度风格化的天气主播，每次各国天气主播的大聚会，几乎都是由他俩担任"司仪"，他们所做的诙谐的气象科普节目往往令人过目不忘。

6. 帮助传媒公司提高天气服务水平，向各个国家气象和水文局以及非气象传媒机构阐明优秀天气节目的有益之处（Contributes to the promotion of weather presentation services to broadcast companies, and articulates the benefits of good weather broadcasting practices both within the NMHS, and to non-meteorological broadcast management）。

7. 杜绝商业赞助模糊或扭曲天气信息（Does not allow commercial sponsorship to unduly obscure, or conflict with, the weather message）。

8. 用有建设性的、正面的方式来评论自己或其他主播的表现（Critiques their own and other broadcasters performances in a constructive and positive manner）。

由于天气主播之间学科背景、传播偏好的差异，以及电视频道之间收视率的"白热化"竞争，主播之间有时难免会产生私下的龃龉，甚至发出公开的"呛声"。再加上一些媒体的推波助澜，便很有可能形成主播之间同行相轻甚至相怨的印象。

所以，WMO 希望天气节目同行之间能秉持建设性的态度，这项建议良有深意。

2015 年，中国台湾天气主播任立渝先生曾这样审视自己：从未曾针对其他预报分析做任何评论，气象预报的素材也一律依循正规途径。对于这两点，自己"未曾逾越"。

9. 指导后辈，根据他们的需求提供帮助和建议（Mentors junior colleagues and provides support and advice as required）。

◀ 美国天气频道年逾古稀的 John Hope
坐着讲解天气（左图），并在业务中
指导和提携年轻的同事（右图）

即使是年轻人，也开始向更年轻的同事传授经验。蒙古天气主播 Unubold Batbayar 是一位"85 后"气象工程师，不仅主持气象节目，也负责天气主播的培训。

◀ 蒙古天气主播 Unubold Batbayar

附录 2
天气主播都是些什么人？

▲ 20 世纪 10 年代美国的节目，画面中的 AMS 标识，是美国气象学会对于天气主播资质的认证。获得认证的主播，称为 "Broadcast Meteorologist"，即媒体领域的气象专家

美国是目前世界上对天气主播资质要求最规范的国家，先后有 1957 年版和 2005 年版资质认证标准。

1957 年版资质认证标准的要点：

专业背景——不需要气象相关学历，但需要至少两年气象相关工作经验（最好有过天气预报播报经历）。第二次世界大战之后的 20 世纪 50 年代，电视业蓬勃发展，认证制度滞后，所以出现了这种如同先开车、后考驾照的状况。

认证流程——申请者寄送样片。

被称为气象专家的标准——审核通过、获得认证并继续从事天气主播工作 3 年之后，可在媒体领域称为气象专家。

2005 年版资质认证标准的要点：

专业背景——气象学学士以上学位或者相关专业同等学力。显然，2005 年版资质认证标准提高了学科背景的准入门槛。

认证流程——提交连续 3 天的节目作为样片，并通过以气象预报为主要内容的笔试。

被称为气象专家的标准——通过认证，即可称为气象传播专家（Certified Broadcast Meteorologist，简称 CBM）。

得到认证之后，要保留 CBM 证书或展示 CBM 的标志，则需每年支付会员费和证书延续费；每 5 年提交在专业领域取得新业绩的证明材料（如在学校举办的教育性质讲座、参加气象学会的学术活动、发表相关领域的专著等）。CBM 认证对于从业者而言，虽然不是强制性的行业准入制度，但获得认证的从业者权威性更强，观众的认可度更高。

举几位主播的例子。

Al Roker，未获得 CBM 认证。活跃在美国天气频道、美国全国广播公司（NBC）的天气节目中的资深主播 Al Roker，出生于 1954 年。他并无气象专业背景，但属于已受到观众普遍认可的早期从业者，"老人老办法"，无须获得美国气象学会颁发的 CBM 认证

Paul Gross，已获得 CBM 认证。美国 WDIV 电视台的天气主播，主攻与天气相关的科普节目

Ari Sarsalari，"80 后"，已获得 CBM 认证。美国天气频道的出镜气象专家，但他很少涉足电视，主攻网络互动

John Morales，已获得 CBM 认证。美国 NBC 天气主播，主要负责飓风、龙卷风等危险性天气的播报和解读。他居住在迈阿密，他曾开玩笑地说："我的职业是说飓风，所以我不能离开迈阿密这个地方。"

显然，美国的天气主播已经进入细分化时代，有的以媒介细分，有的以节目类别细分，有的以天气类别细分，天气主播已不再是"万金油"，而是细分领域的专业人士。

2014 年，我们曾以 55 个国家和地区的 93 位天气主播作为样本，进行了一次粗略的统计，约 20% 的天气主播具有气象专业背景，60% 的天气主播虽无气象背景，但接受过气象知识短期培训。

在欧美国家，大多都有天气主播的认证制度，所以具有气象专业背景的主播比例超过 1/3，显著高于全球平均水平。

针对没有气象专业背景的主播，大多数国家也有标准化的培训课程用于天气主播的"充电"。因此，所谓气象专业背景，不能仅以"学院派"指标来衡量。

再举其他国家的一些例子。

加拿大天气主播 Frank，1992 年起担任天气主播。虽然不是出自气象专业，但他解读天气的能力完全是专业级的。他不仅撰写文稿，而且设计天气图形，然后用于自己的直播

瑞士天气主播 Christoph，毕业于气象专业，1994 年起从事气象相关工作。他带领一个团队，常年从事天气的户外播报工作

西班牙天气主播 Martin，2002 年起从事气象相关工作。在他的团队中，7 名主播均毕业于气象专业。Martin 团队的天气节目往往长达 15 分钟，包含与天气有关的各种外延性内容，对主播而言，是一种挑战

德国天气主播 Maxi，本是一位演员。有一次，天气主播临时有急事需要有人代班，于是她"临危受命"，这一代班就超过了 20 年，并已成为通过资质认证的天气主播。在 Maxi 所供职的电视台，有专职的气象专家和图形制作人员，主播在准备播报内容的过程中可向气象专家咨询，向制作人员提供图形创意

▲ 德国天气主播 Ozden（图①）、芬兰天气主播 Kerttu（图②）、法国天气主播 Fanny（图③）、比利时天气主播 Jill（图④），都出自气象专业

　　而在大多数发展中国家，基本上还没有天气主播的资质认证制度。天气主播主要来自传播专业、经济专业、戏剧专业以及计算机专业。举一个例子吧。

◀ 印度天气主播 Shivangi，她原本是一位摄影师

　　试镜通过，便是唯一的认证方式。天气主播参加气象部门的天气会商，然后自己完成天气文稿和图形，相对固定地讲述印度四个区域的天气特征。

▲ 2012 年，CCTV《天气预报》节目六位主播的合影。左起：冯殊、杨丹、王蓝一、赵红艳、宋英杰、裴新华

▲ 2018 年，我们为世界气象日公众开放活动制作了一个小册子，其中包括了我身边的每一位天气主播同事

2014 年，我们以国内 173 位天气主播作为样本进行统计分析，中国天气主播的基本情况是这样的：

性别情况——男女比例约 1：3（男 41 人，女 132 人）

年龄情况——40 岁以上约占 4%（7 人）；31~40 岁约占 37%（64 人）；21~30 岁约占 59%（102 人）。

学历情况——硕士以上约占 9%（15 人）；大学本科约占 84%（145 人）；专科约占 7%（13 人）。

专业情况——传媒相关专业约占 66%（115 人），其中播音主持专业，53%（91 人）；气象相关专业约占 2%（4 人）；其他专业约占 31%。

担任天气主播的年限情况——20 年以上的 2 人；6~20 年的 7 人；11~15 年的 9 人；6~10 年的 72 人；5 年以内的 73 人。约 84% 的天气主播从业经历在 10 年以内，其中约 42% 在 5 年以内。

所以，中国的天气主播团队，有这样几个关键词（以百分比高低为序）：

年轻——约 84% 的天气主播，从业经历在 10 年以内。

女性——约 76% 为女主播。

传媒专业——约 66% 的主播为传媒相关专业背景。仅有 2% 为气象相关专业背景。